꼬리에 꼬리를 무는
이슬람 이야기

이방인에서 가까운 이웃으로, 무슬림이 궁금할 때 펼치는

꼬리에 꼬리를 무는

이슬람 이야기

이수정 지음

주니어태학

책을 내며

이슬람교는 세계 3대 종교 중 하나입니다. 나머지 두 종교는 기독교와 불교이지요. 3대 종교에 속할 만큼 많은 사람이 이슬람을 믿고 있습니다. 그런데 이런 이슬람에 대해 우리는 얼마나 알고 있을까요? 이슬람에 대해 제대로 알기 전에 오해와 편견을 먼저 품고 있지는 않나요?

이 책은 이슬람교가 무엇이고 이슬람을 믿는 사람들이 어떤 사람들인지 차근차근 설명해 줍니다. 왜 이슬람에 대해 알아야 할까요? 한국에도 이슬람을 믿는 사람들이 들어오고 있고 또 이슬람을 믿는 사람들이 늘어나고 있기 때문입니다. 이제 우리는 이들과 함께 살아가야 합니다. 잘 어우러져 살려면 상대가 어떤 사람들인지 알고 이해해야 할 것입니다.

이 책은 크게 4장으로 이루어져 있습니다. 1장에서는 이슬람교와 무슬림에 대해 기본적으로 알아야 할 것들을 알려 줍니다. 2장에서는 이슬람과 무슬림에 대한 가짜 정보들을 추려 내 바로잡는 시간을 가집니다. 3장에서는 한국이 이슬람 세계와 언제, 어떻게 연결되었는지 그리고 현재 두 세계가 어느 단계에 이르러 있는지를 살펴봅니다. 4장에서는 이제 우리 이웃이 된 무슬림들과 어떻게 살아야 할지 길을 안내합니다.

그동안 이슬람교와 무슬림들에 대해 공부해 온 것을 나누고 싶어 책을 쓰게 되었습니다. 무슬림에 대해 알고 싶은 사람, 세계 문화에서 큰 비중을 차지하고 있는 이슬람에 대해 알고 싶은 사람, 이 세상에는 다양한 종교·사회·문화·역사·관습 등이 존재하고 그런 환경에서 살아온 사람들이 우리와 다를 수는 있지만 틀린 존재가 아니라는 것을 확인하고 싶은 분들에게 이 책을 권합니다. 이 책이 이슬람을 올바르게 이해하고, 무슬림들의 문화를 존중하는 첫걸음이 되면 좋겠습니다.

차례

2장 이런 오해, 저런 편견

3장 한국과 이슬람 세계가 만난 날

4장 알고 보면 오래된 사이

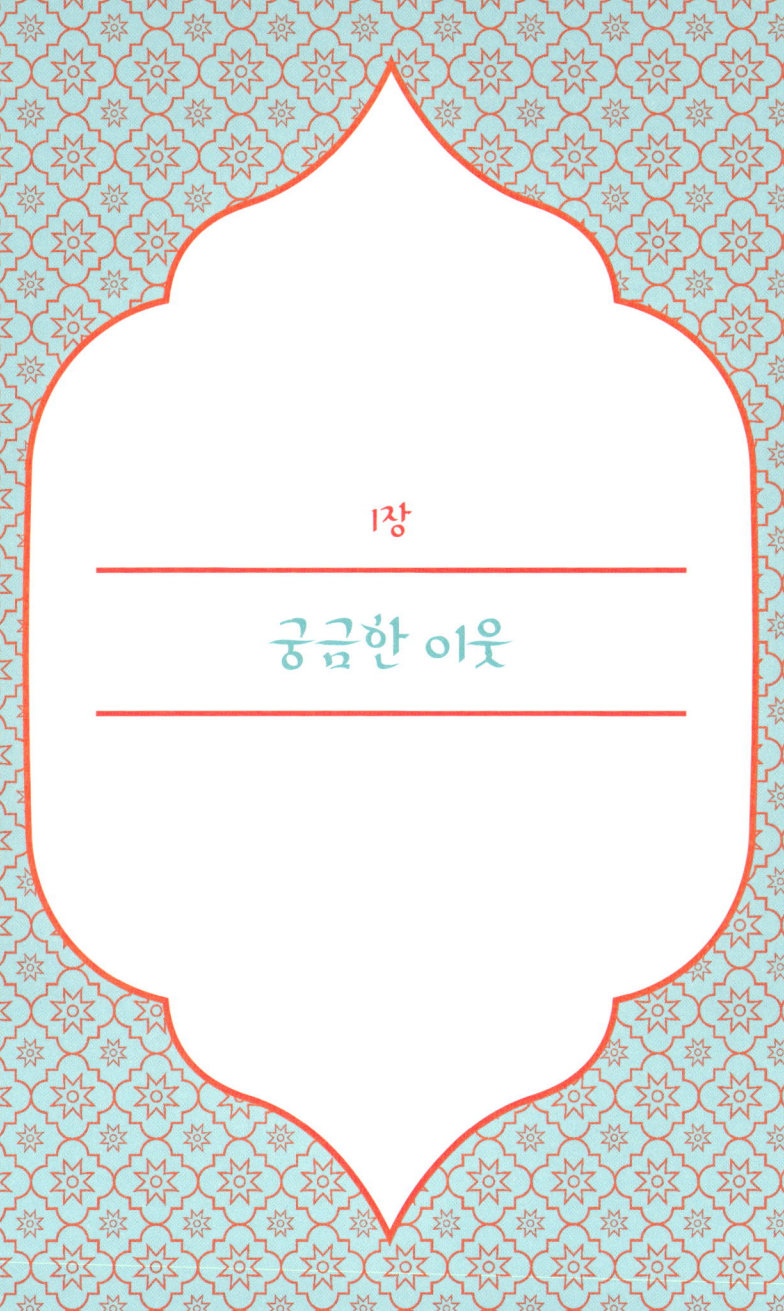

1장

궁금한 이웃

이슬람과 무슬림

지구상에는 다양한 종교가 있어요. 기독교, 이슬람교처럼 국가와 민족을 넘어 세계 곳곳의 수많은 사람이 믿는 종교가 있는가 하면, 인도의 힌두교, 이스라엘의 유대교처럼 특정 국가의 사람들이 주로 믿는 종교도 있지요.

국제연합UN은 2024년 '세계 인구의 날'에 전 세계 인구를 82억 명이라고 발표했습니다. 이 중 이슬람을 믿는 사람이 약 20억 명입니다. 전 세계 인구의 약 25퍼센트, 4명 중 1명은 이슬람을 믿는 거죠. 이 때문에 이슬람교는 기독교, 불교와 함께 세계 3대 종교로 불립니다.

이슬람과 무슬림이란 말을 자주 들어 봤을 거예요. 두 말은 어떻게 다를까요? 이슬람은 이슬람이라는 종교를 가리키는 말이고, 무슬림은 이슬람교를 믿는 사람들을 말해요. 이슬람Islam은 아랍어이고 '복종하다'는 뜻입니다. 알라에게 복종한다는 의미이지요. 아랍어에서

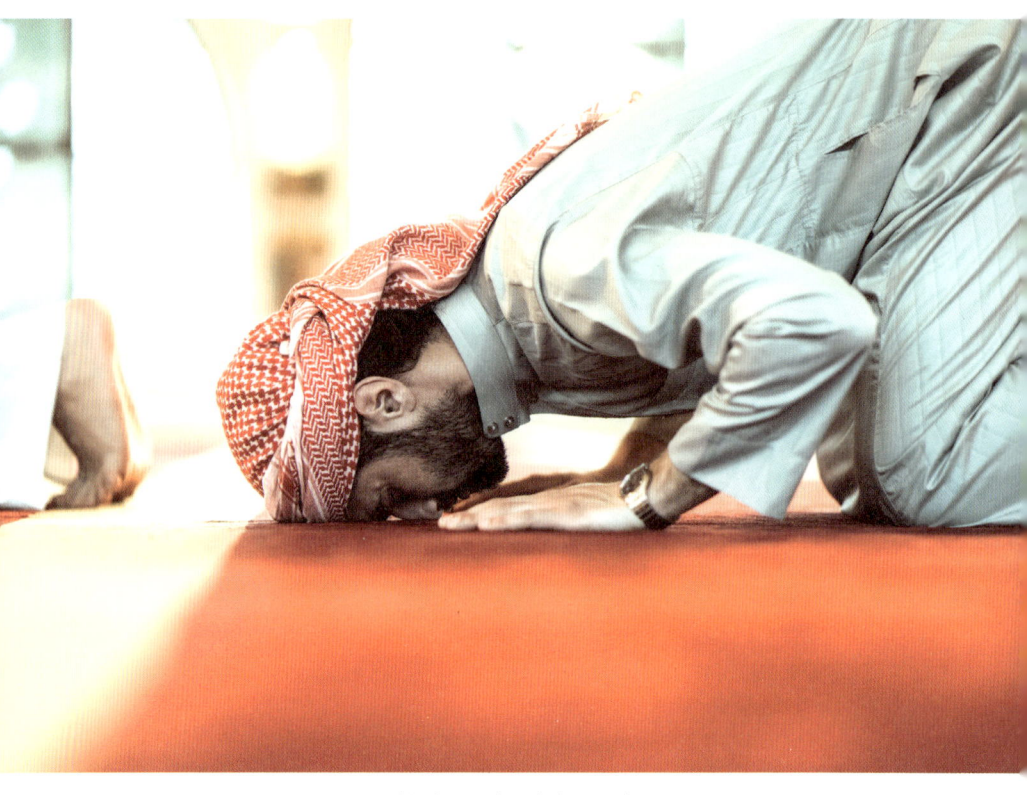

이슬람교를 믿는 사람, 무슬림

'무'라는 접두사는 '그 행동을 하는 사람'을 뜻합니다. 무슬림Muslim 은 '복종'을 하는 사람 즉, '이슬람교를 믿는 사람'을 말하는 거지요.

이슬람교는 예언자 무함마드Muhammad가 사우디아라비아(이하 사 우디)의 도시 메카Mecca에서 기원후 610년에 창시했습니다. 하나의 신만 믿는 유일신교입니다. 유대교, 기독교도 유일신교예요. 그런데 이 세 종교가 믿는 신이 모두 같습니다. 서로 다르게 부를 뿐이지요.

이슬람교에서는 유일신을 알라Allah라 부르고, 유대교는 여호와 Jehovah 혹은 야훼Yahweh라고 합니다. 유대교 경전인 토라Torah를 보 면 여호와, 야훼를 찾아볼 수 있지요. 기독교 경전 성경Bible에는 엘 리Eli(혹은 엘로이Eloi)라고 쓰여 있습니다. 신약의 〈마태복음〉 27장 46 절을 보면 십자가에 못 박힌 예수가 "엘리 엘리 레마 사막다니Eli, Eli, lema sabachthani?"라고 부르짖는 장면이 나옵니다. "나의 하나님, 나의 하나님, 어찌하여 나를 버리십니까!"란 의미입니다.

우리말로 하면 다 '하나님'인데, 왜 하나님을 달리 부르는지 아리 송할 텐데요, 각 종교 경전의 언어가 달라서입니다. 이슬람교 경전 쿠란은 아랍어로 쓰였고, 토라는 히브리어로 쓰였고, 성경(구약, 신 약)은 히브리어와 아람어, 헬라어가 섞여 쓰였지요. 예를 들어 코란 에서는 하나님을 알라로 표기한 것뿐입니다.

유일신교와 다신교

유일신교唯一神教는 말 그대로 '하나의 신'만 믿는 종교를 말해요. 세상을 창조하고 다스리는 존재는 단 하나라는 겁니다. 유대교와 기독교, 이슬람교를 대표적인 유일신교로 꼽습니다. 유일신교에서 신은 모든 것을 알고 있고, 언제 어디에나 존재합니다.

다신교多神教는 여러 신을 믿는 종교를 말해요. 힌두교가 대표적이에요. 일례로 힌두교에서 창조의 신은 브라흐마Brahma, 유지의 신은 비슈누Vishnu, 파괴와 재생의 신은 시바Shiva입니다. 이처럼 신마다 역할이 다릅니다. 힌두교도들은 힘든 일이 생기면 시바 사원에 가서 기도를 올립니다. 파괴의 신인 동시에 재생의 신이기도 해서 어려움을 극복하게 도와달라고 비는 것이지요.

한국의 무속 신앙도 다신교의 일종입니다. 무속인마다 다른 신을 섬기고 있으니까요. 무속인들이 굿을 할 때 입는 무복巫服은 색이 다채로운데, 여러 신을 모신다는 뜻을 담고 있답니다. 무속인들은 굿

무속 신앙도 다신교의 일종이다. 사진은 민혜경 만신이다. 만신萬神은 무속인을 높여 부르는 말로 '모든 신을 모시는 사람'이란 뜻이다.

을 통해 다양한 신령을 불러들이고, 그들과 소통하며 사람들의 어려움을 해결해 주려고 합니다.

신화이긴 하지만 그리스·로마 신화의 바탕도 다신교입니다. 그리스 신화에서 제우스는 하늘을 다스리고, 아테나는 전쟁을 관장하며, 포세이돈은 바다를 다스리죠.

유일신교와 다신교는 왜 생겼을까요? 사람들이 세상을 이해하려는 방식이 모두 다르기 때문 아닐까요. 유일신교는 세상을 통합적으로 설명하고 싶어 하고, 다신교는 세상의 복잡한 모습을 보여 주고 싶어 하는 듯합니다.

서력과 이슬람 달력의 차이

기원후 610년 당시 메카는 다신교를 믿고 있었습니다. 무함마드가 유일신교를 주창하니 다들 무함마드를 못마땅해했습니다. 무함마드를 믿고 따르는 사람들도 생겨났지만, 반대 세력이 더 강했지요. 결국 무함마드는 박해를 피해 추종자들과 함께 다른 곳으로 향합니다. 그곳이 메디나Madina였지요.

이슬람 달력은 메디나로 옮긴 622년에서 출발합니다. 특별한 해이기 때문이지요. 왜 그럴까요? 메디나로 옮기고 나서야 비로소 이슬람 공동체를 이루었고, 또한 이를 바탕으로 이슬람교를 확산시킬 수 있었기 때문입니다. 이슬람 달력을 헤지라력이라고도 하는데, 헤지라Hegira는 아랍어로 '도망가다', '이주하다'는 뜻입니다. 즉, 메카에서 메디나로 이주한 날을 이슬람 달력의 시작점으로 삼은 거지요.

우리가 지금 흔히 보는 달력은 서력西曆이에요. 서력은 예수가 태

الأربعاء 22 ذو الحجة 1446
18 يونيو (حزيران) 2025
السنة السابعة والأربعون
العدد 17004

ثمن النسخة 3 ريالات

صد

تد

تل أبيب ترفض التفاوض «قبل تحقيق أه

المبارزة الإيرانية .

이슬람 달력. 오른쪽 맨 위를 보면 서력과 이슬람 달력 날짜가 병기돼 있다. 이슬람 달력으로는 1446년 12월 22일, 서력으로는 2025년 6월 18일이라고 쓰여 있다.

어난 해를 시작점으로 삼는데, 사실 예수가 언제 태어났는지는 정확히 모릅니다. 세계 대부분 나라가 서력을 쓰고 있는데, 서로 편하게 교류하기 위해 기준을 마련한 겁니다. 우리나라는 단기를 쓰다 1962년부터 공식적으로 단기가 아닌 서력을 사용하기 시작했습니다.

무슬림들은 서력 외에 이슬람 달력도 씁니다. 우리가 단기를 쓰던 것과 비슷하지요. 단기는 단군왕검이 단군조선을 개국한 해(기원전 2333년)를 원년으로 삼은 우리나라만의 고유한 연대기예요. 2025년을 단기로 하면 몇 년일까요? 2333년에 2025년을 더하면 됩니다. 그럼 올해는 단기 4358년이네요. 요즘은 달력에 거의 단기를 병기하지 않지만 표기하는 달력들도 더러 있습니다. 단기처럼 무슬림들은 이슬람 달력이 병기된 달력을 쓰는 거지요.

이슬람 달력은 서력처럼 태양의 움직임을 기준으로 하지 않고 달의 움직임을 기준으로 한 음력 달력이에요. 1년을 12달로 나눈 건 서력과 같고요. 음력을 기준으로 한 이유는 이슬람교의 종교 의식과 관련이 있다고 합니다.

이슬람 달력은 달마다 이름이 있어요. 1월은 무하람Muharram, 2월은 사파르Safar, 3월은 라비 알아왈Rabi al-awwal, 4월은 라비 알아키르Rabi al-akhir, 5월은 주마다 알울라Jumada al-Ula, 6월은 주마다 알아키라Jumada al-akhirah, 7월은 라잡Rajab, 8월은 샤반Shaban, 9월은 라마단Ramadan, 10월은 샤왈Shawwal, 11월은 두 알카다Dhu al-Qa'dah, 12월은 두 알힛자Dhu al-Hijjah라고 합니다.

우리에게 설, 추석 같은 명절이 있듯이 무슬림들에게도 명절이 있습니다.

이드 알피트르

중요한 명절 두 개를 뽑으면, 이드 알피트르Eid al-Fitr와 이드 알아드하Eid al-Adha입니다. 이드 알피트르는 라마단이 끝났음을 축하하는 명절이에요. 아랍어로 이드Eid는 '축제'를, 피트르Fitr는 '단식 종료'를 뜻하니, 이드 알피트르는 '단식 종료 축제'를 의미하지요.

이드 알피트르는 이슬람 달력으로 10월(샤왈) 첫날부터 시작해 보통 3일간 이어집니다. 이 기간에 무슬림들은 한 달 동안의 금식에 성공한 것을 기념합니다. 함께 모여 기도하고, 맛있는 음식을 나누며, 선물도 주고받으며 즐거운 시간을 보내지요.

경제적으로 여력이 있는 무슬림들은 이 기간에 자카트 알피트르 Zakat al-Fitr라는 자선도 실천합니다. 자카트는 '자선'이란 뜻이니, 자카트 알피트르는 '단식 종료 자선'이라는 의미입니다. 가난한 사람들, 특히 이드 알피트르 축제를 즐기지 못하는 가난한 사람들에게 곡물이나 돈을 기부합니다. 모두 함께 라마단을 기념하기 위해서지요.

이드 알아드하

이드 알아드하Eid al-Adha도 큰 명절입니다. 아랍어로 이드는 축제를, 알아드하al-Adha는 '희생'을 뜻하니, 이드 알아드하는 '희생의 축제'라는 의미입니다. 무슨 희생을 기념하는 것일까요? 바로 아브라함이 신의 명령대로 아들을 희생하려 했던 사건을 말합니다. 코란Quran에 따르면, 신은 아브라함에게 그의 아들(이삭)을 제물로 바치라고 명령합니다. 아브라함은 신의 말씀대로 하려고 합니다. 그러자 신이 막지요. 아들 대신 양을 제물로 바치게 합니다. 신이 아브라함의 믿음을 시험한 것인데, 무사히 통과한 것이지요.

이 사건을 기념하는 날이 이드 알아드하입니다. 이드 알아드하는 이슬람 달력의 12월(두 알힛자) 10일에 시작해 3일 동안 이어집니다.

2025년 3월 6일 가자 지구 팔레스타인 사람들이 라마단 단식 후 함께 모여 저녁을 먹고 있다. 한 달 동안의 금식이 끝나면 이드 알피트르를 함께 기념한다.

이슬람교 큰 명절인 이드 알아드하 배경이 된 사건을 묘사한 렘브란트Rembrand의 〈이삭의 희생The Sacrifice of Isaac〉

이 기간에 무슬림들은 함께 모여 기도하고, 가축(양이나 염소, 소, 낙타 등)을 희생시켜 그 고기를 나눕니다. 특히 가난한 사람들에게 주지요. 순례자들은 메카에서 핫즈 순례의 마지막 의식(78쪽 ❽번 참고)으로 이드 알아드하를 실천합니다.

그 외 명절로는 새해를 기념하는 날과 이슬람교 창시자 무함마드 탄생을 기념하는 날도 있습니다. 새해를 기념하는 날은 알히즈라(al-Hijra, 히즈라는 '이주'를 뜻함. 알히즈라는 무함마드와 초기 무슬림들이 메카에서 박해를 피해 메디나로 이주한 사건을 의미함)라고 하는데, 이슬람 달력으로 1월(무하람)의 첫날입니다. 앞에서 말했듯이 이슬람력은 음력이 기준이기 때문에 양력 날짜가 매년 달라집니다. 이슬람력으로 2025년 새해 첫날은 7월 18일이라고 하네요. 이슬람교에서 무하람은 새해를 시작하는 만큼 성스러운 달인데, 시아파에게는 순교자 알리의 죽음을 애도하는 중요한 기간이기도 합니다.

무함마드 탄생을 기념하는 날은 마울리드(Mawlid, '탄생'이란 뜻) 또는 이드 밀라둔 나비(Eid Miladun Nabi, '선지자 탄생의 축제'라는 뜻)라고 해요. 이슬람 달력으로 3월(라비 알아왈) 12일입니다. 대부분의 이슬람 국가에서 공휴일로 지정해 놓았지요.

르네상스를 열어젖힌 이슬람 문명

서양은 천 년 가까이 중세라는 긴 암흑기를 보냈죠. 보통 이슬람 황금기를 8세기부터 13세기라고 합니다. 이 기간에 이슬람 세계는 서양에선 별 관심을 두지 않던 아리스토텔레스 저작을 비롯해 고대 그리스의 학문을 연구합니다. 그리스뿐 아니라 로마, 페르시아, 인도 등에서 고대 지식을 수집해 번역, 보존하지요. 이슬람 학자들은 깊고 넓게 공부하고 연구합니다. 이를 토대로 여러 학문을 성장시킵니다. 그 결과물들은 서양 문명*에 다시 전해졌고요.

'이슬람 황금기'라는 말을 쓸 정도로 이 시기에 이슬람 세계는 서양 세계보다 앞섰습니다. 어떤 분야에서 그랬을까요? 이슬람 학자들은

★ 문명

문명은 쉽게 말하면 인간이 모여 살면서 만들어 낸 기술, 예술, 제도, 가치관 등 삶의 모든 측면에서 진보된 상태를 말한다. 넓은 의미에서는 문화의 한 형태이지만, 문화보다는 좀 더 체계적이고 발전된 형태를 가리킨다. 예를 들어 언어나 예술 작품은 문화에 속하지만, 문자 체계나 과학 기술은 문명에 가깝다.

천문학, 수학, 의학 등 과학 분야에서 두각을 나타냈습니다.

눈부신 천문학

천문학에서는 아스트롤라베Astrolabe 같은 정교한 천문 관측 도구를 개발했습니다. 고대 그리스에 있었던 것을 휴대용 천체 관측 도구로 발전시켜 시간과 방향을 측정하고, 언제부터 라마단인지 미리 계산하는 등 종교 의식에도 활용했지요. 그뿐 아니라 바그다드와 다마스쿠스 등 여러 도시에 천문 관측소도 세웠습니다. 그 결과 별들의 위치와 움직임을 정밀하게 기록한 별 목록집인《지지-이 술타니Zij-i Sultani》도 만들 수 있었지요. 중세 이슬람 세계에서 지Zij는 천문표를 의미했으니, 지지-이 술타니는 '술탄의 천문표'라는 뜻입니다. 여기서 술탄은 울루그 벡을 가리키니 '울루그 벡의 천문표'라는 의미죠.

울루그 벡은 15세기 티무르 제국의 통치자입니다. 천문학에도 관심이 많아 울루그 벡 천문대Ulugh Beg Observatory를 세웠지요. 이곳은 당대 최고의 천문대였습니다. 반지름이 40.4미터인 거대한 측량 기구(파크리 육분의)를 갖추어 1000개 이상의 별 위치를 매우 정확하게 측정할 수 있었거든요. 이 측정 결과를 정리한 것이 바로《지지-이 술타니》입니다.《지지-이 술타니》는 망원경이 발명되기 전까지 가장 정확한 천문표로 인정받았습니다. 수백 년 동안 세계 천문학의 표준

❶ '대수학의 아버지'로 불리는 알콰리즈미al-Khwarizmi

❷ 휴대용 천문 관측 도구인 아스트롤라베. 8세기 이슬람 천문학자 무함마드 알파자리Muhammad al-Fajari가 그리스 천문학자 히파르코스Hipparchos가 고안한 천체 관측 도구를 발전시켜 만들었다. 항해가들에게도 요긴한 도구였다.

❸ 별의 목록집 《지지-이 술타니》 일부

❹ 울루그 벡 천문대. 현재 우즈베키스탄 사마르칸트에 있다.

이슬람 문명은 서양이 중세 암흑기에서 르네상스로 도약하는 원동력이 되었다. 그림은 울루그 벡 천문대 벽화 중 일부으로 사용되었고요. 《지지-이 술타니》에는 별의 위치뿐 아니라 행성의 움직임 계산법, 일식과 월식 예측 방법, 위도와 경도 계산법 등 다양한 천문 정보가 집약되어 있었다고 합니다. 별을 직접 관찰하지 않고도 이런 것을 알아내다니 정말 대단하지요.

　이슬람 학자들은 수학도 크게 발전시킵니다. 지금 우리가 쓰고 있는 아라비아 숫자* 체계를 만들었고, 특히 0을 수로 인정하고 계산에 활용함으로써 현대 수학과 과학이 발전할 기반을 다져 놓았지요. 또한 대수학을 체계화하고 발전시켰습니다. 수학 문제 해결 절차인 '알고리즘'이란 개념도 처음 도입했지요.

세계 최초의 종합병원

의학 발전에 기여한 점도 기억해 두어야 합니다. 이슬람 학자들은 고대 그리스 의학을 계승하고 발전시켜 중세의 서양 의학에 큰 영향을 미쳤지요. 이븐 시나Ibn Sina는 《의학 정전》을 써 의학 지식을 체계

★ 아라비아 숫자
0, 1, 2, 3, 4, 5, 6, 7, 8, 9와 같이 10개의 숫자를 사용해 수를 표현하는 표기 방식이다. 아라비아 숫자 체계가 있기 전에는 다양한 방법으로 수를 셌다. 주로 손가락, 셈 도구, 상형 문자 등을 사용했다. 아라비아 숫자는 인도에서 기원했으며, 아라비아 지역을 거쳐 유럽에 전파되어 사용되기 시작했다. 그래서 아라비아 숫자를 인도-아라비아 숫자라고도 한다.

시리아 다마스쿠스에 남아 있는 누르 알딘 비마리스탄Nur al-Din Bimaristan. 이 병원은 1154년 젠기드Zengid 왕조의 술탄 누르 알딘의 이름을 따서 지었다. 1975년에 복원되어 현재는 아랍 세계의 의학과 과학 박물관Museum of Medicine and Science in the Arab World으로 쓰이고 있다.

화했는데, 훗날 이 책은 서양 의학의 기본 교재로 쓰입니다.

이슬람 의학 특징은 해부학이 발달했다는 것입니다. 이슬람 학자들은 처음에는 동물을 해부했다가 점차 인체를 해부하면서 지식을 쌓았죠. 그로 인해 외과 수술 기법이 발전했습니다. 또 학자들은 임상 경험을 의학에 반영했습니다. 실제 환자를 치료하면서 얻은 경험을 허투루 여기지 않은 거지요.

이슬람 세계는 세계 최초로 종합병원 비마리스탄Bimaristan도 세웠습니다. 비마리스탄은 페르시아어고 '환자를 위한 집'이란 뜻입니다. 이곳은 지금의 대학 병원 같은 형태였는데요, 병원과 의학 교육기관이 같이 있었습니다. 의학도 약학, 안과, 외과 등으로 세분화했고요. 비마리스탄은 병동, 진료실, 약국, 수술실 등을 갖추고 환자를 치료하는 동시에, 의학 지식을 전수하고 연구하는 공간으로 운영되었습니다. 성별·나이·종교·직업에 상관없이 누구나 치료를 해 주었고, 심지어 이슬람 외 다른 종교를 위한 기도실도 마련해 주었다고 하네요. 치료비는 무료였고요. 이슬람 율법에서 중요시하는 '자선'과 '나눔'에 목적을 둔 시설이었기 때문이지요. 비마리스탄은 병자와 가난한 사람들을 치료하는 병원이자 자선 기관 역할을 했다고 합니다.

이슬람 학자들은 철학, 건축 분야에서도 많은 업적을 남겼습니다. 아리스토텔레스를 비롯한 고대 그리스 철학을 서양 세계에 소개함으로써 르네상스 시대를 열어젖히지요. 비잔틴 제국의 영향을 받아 본격적으로 발전하기 시작한 이슬람 예술, 그중 건축 양식은 이후 서양 건축에 큰 영향을 끼칩니다.

그 외에도 이슬람 문명은 중국에서 발명된 종이 제조 기술을 서양에 전파했고, 잉크와 펜 사용법을 발전시켜 필기 문화 확산에도 기여했습니다. 지도 제작 기술을 발전시키고 세계 지리에 대한 지식을 축적해 지리학 발전에도 큰 발자국을 남겼습니다.

서양 문명보다 앞서던 이슬람 문명은 13세기 이후 몽골 제국의 침입을 받으면서 쇠락의 길을 걷습니다. 반면 서양 세계는 르네상스를 거치며 세계의 중심이 되어 갔죠. 이슬람 문명은 유럽이 암흑기에서 벗어나 르네상스로 나아갈 수 있게 중요한 디딤돌 역할을 했습니다. 이 점을 기억해야 할 것입니다. 유럽은 이슬람 세계의 학문과 기술을 받아들이고 발전시켜 과학 혁명과 르네상스를 일으킬 수 있었습니다.

수니파와 시아파는 무엇이 다를까

무함마드는 사우디의 메카에서 570년경 유복자(遺腹子, 태어나기 전에 아버지를 여읜 자식)로 태어났습니다. 여러 번 결혼했고, 자식들도 두었습니다. 그런데 아들은 모두 어릴 때 죽고, 딸들만 남지요. 무함마드는 후계자를 지목하지 않고 632년에 죽습니다.

당시 중동 지역의 통치자들은 아들에게 지위를 계승했습니다. 하지만 이슬람은 혈통에 의지해 지위를 계승하지는 않았습니다.

선거로 뽑자는 수니파

무함마드가 후계자를 지목하지 않고 세상을 떠나자 무슬림들은 후계자를 어떻게 뽑을지를 놓고 갈등하다 분열하고 맙니다. 어떤 사람들은 선거와 동의 즉, 선거권을 가진 소수의 지배층 남성들이 선거로 후계자를 뽑고, 이를 사람들이 동의하는 방식으로 후계자를 정하자고 주장합니다. 이들이 수니파입니다. 또 어떤 사람들은 실은 무함마드가 후계자를 정해 두었고, 그 인물이 바로 무함마드의 사촌 동생이자 사위인 알리라고 주장합니다. 알리를 따르는 사람들이 시아파입니다.

무함마드 후계자는 수니파 방식으로 선출되었습니다. 이렇게 선출된 통치자들이 다스리던 시대를 '정통 칼리파 시대'라고 하지요. 칼리파Khalifa*는 아랍어로 '계승자'라는 뜻입니다. 칼리파는 이슬람 공동체의 지도층이 뽑았습니다. 1대 칼리파는 무함마드의 친구 아부 바크르Abu Bakr가 됩니다. 아부 바크르는 2년 후 사망합니다. 이후에도 같은 방식으로 후계자를 뽑았습니다. 우마르Umar(10년), 우스만Uthman(12년), 알리Ali(4년) 순서로 이어졌지요.

수니파는 '무함마드의 가르침을 따르는 사람들'이란 의미이고, 전세계 무슬림의 85-90퍼센트가 수니파입니다. 시아파는 무함마드가 생전에 후계자를 지목했다고 믿었습니다. 앞서 말했듯이 네 번째 칼리파 알리가 그 후계자라고 주장했지요. 알리는 무함마드의 사촌 동생이자 사위입니다. 현대 사회에서는 친척끼리 결혼을 거의 하

★ 칼리파

칼리프Caliph란 말을 들어 보았을 것이다. 칼리파와 같은 말이다. 아랍어 칼리파를 영어로 표기한 것이 칼리프다. 칼리프, 칼리파 모두 '후계자'란 뜻이고, 이슬람교 창시자 무함마드의 후계자를 가리키는 호칭이다.

전 세계인 4명 중 1명이 무슬림이다. 이슬람교가 세계 3대 종교 중 하나인 이유다. 그림은 무슬림 분포도(2023년 2월 기준)이다. 주황색이 수니파, 초록색이 시아파다.

지 않지만, 과거에는 친척끼리 결혼하는 일이 흔했습니다. 무함마드의 사촌 동생 알리는 무함마드 딸인 파티마Fatima와 결혼했지요. 전해지는 말에 따르면, 알리는 당시 인기 많은 젊은 정치인이자 지도자였다고 합니다. 무엇보다 무함마드와 혈연관계였으니 무함마드를 계승할 적임자로 주목받은 겁니다. 알리는 칼리파가 된 지 4년이 되었을 때 암살당합니다.

지목한 후계자를 따르자는 시아파

시아파는 알리가 죽자 두 아들 중 둘째인 후세인Husain을 지도자로 추대해 쿠파Kufa에서 자신들만의 공동체를 이루려고 합니다. 후세인은 수락하고 당시 아랍 문화와 학문의 중심지였던 이라크의 쿠파로 가려 하지요. 이 사실을 안 우마이야Umayyad 왕조가 막아섭니다. 칼리파 세력은 후세인과 추종자들이 굴복하지 않자 결국 이라크의 카르발라Karbala에서 후세인의 아들 하나*를 제외한 모두를 죽이죠. 이 일은 오히려 시아파가 자신들만의 공동체를 이루어 똘똘 뭉치게 하는 결정적인 사건이 됩니다.

★ 우마이야 왕조는 이 아들이 병약해 곧 죽으리라고 판단했다. 이 아들이 살아남아 시아파를 잇는다.

복잡한 갈등

이후 수니파와 시아파는 공존과 갈등을 반복합니다. 수니파 왕조와 시아파 왕조가 생겨났다 사라졌다 하지요. 19세기 이후 이슬람 세계도 근현대 시대로 들어서는데, 이후에도 갈등은 계속됩니다. 하지만 이 무렵부터는 단순히 수니파와 시아파만의 갈등으로 보기 어렵습니다. 국내외 문제가 복합적으로 작용하기 때문이지요.

현재 수니파는 주로 아랍 세계(사우디아라비아·이집트·시리아·레바논·요르단 등), 아시아(튀르키예·파키스탄·인도네시아·말레이시아·방글라데시·인도 등), 아프리카(수단·리비아·아프리카 북부와 중부 국가들), 중앙아시아(우즈베키스탄·카자흐스탄 등), 동남아시아(인도네시아·말레이시아·태국 등) 지역에서 삽니다. 시아파는 전 세계 무슬림의 약 15퍼센트를 차지하며 주로 이란, 이라크, 바레인, 레바논 등에서 살고 있습니다.

시아파를 따르는 대표적인 국가가 이란, 이라크, 바레인, 레바논 등입니다. 이 중 이란이 대장 격입니다. 이란은 국민의 90퍼센트 이상이 시아파입니다. 국가 정책에도 시아파 이념이 반영될 정도입니다. 이 때문에 시아파와 수니파 간에 분쟁이 일어나면 이란이 뒤에서 적극적으로 지원하지요.

이란 다음으로 시아파가 많은 나라가 이라크예요. 국민의 60퍼센

사우디는 2016년 1월 2일 시아파 종교 지도자 님르 바크르 알님르Nimr Baqir al-Nimr를 포함한 47명의 시아파 운동 지도자를 테러 혐의로 사형했다. 수니파와 시아파 간의 갈등을 심화시킨 대표적인 사건이다. 사우디는 님르 등을 정권 비판 세력으로 여겨 처형했지만, 시아파들은 시아파란 이유로 처형한 것이라며 강하게 반발했다. 시아파의 대장 격인 이란에서 항의가 거셌다. 이란 주재 사우디 대사관과 총영사관이 공격당하는 일까지 벌어졌다. 사진은 항의하는 이란 시민들

트 이상이 시아파입니다. 시아파의 성지 나자프Najaf, 카르발라가 있는 나라지요. 나자프에는 알리, 카르발라에는 후세인 묘지가 있습니다. 시아파에서 가장 중요한 두 사람이지요.

바레인 역시 국민 대부분이 시아파입니다. 수니파는 소수예요. 레바논은 시아파와 수니파가 공존하는 국가이긴 하지만, 시아파 세력이 정부에 큰 영향을 미치고 있습니다.

수니파가 다수를 차지하는 나라로는 사우디아라비아, 이집트, 튀르키예, 파키스탄, 시리아 등이 있습니다. 사우디가 대장 격인데, 사우디에는 이슬람교 성지인 메카와 메디나도 있지요.

시아파와 수니파는 서로 종파가 다르다 정도로 끝나는 관계가 아닙니다. 여러모로 경쟁하는 관계지요. 예를 들어, 전쟁이 일어나면 이란은 시아파 대표 국가라는 이유로 시아파 세력을 지원하고, 사우디는 수니파 대표 국가로서 수니파 세력을 지원하는 식입니다. 미국 등의 외부 세력은 이런 종파 간의 경쟁을 종종 이용합니다.

종파 분쟁을 제쳐 두고 무슬림 자체만 보면 무슬림은 전 세계에 흩어져 살고 있습니다. 중동뿐 아니라 영국·프랑스·독일 등의 유럽, 미국·캐나다 등의 북미, 한국·일본과 같은 동아시아에서도 살고 있습니다. 무슬림이 살지 않는 곳을 찾아야 할 정도이지요.

짧게 읽는 이슬람 흥망사

이슬람 세계는 '정통 칼리파 시대'를 지나 '왕조' 시대로 접어듭니다. 국가를 이룰 만큼 무슬림이 많아진 것이지요. 왕조王朝는 한 가문에서 왕위가 세습되는 것을 말합니다. 즉, 아버지에서 아들로, 또는 형제들 사이에서 왕위가 계승되는 방식이죠.

이슬람 왕조 시대에는 왕을 칼리파, 아미르Amir, 술탄Sultan, 샤Shah 등 다양한 명칭으로 불렀습니다. 그래서 각 명칭에 따라 아미르 왕조, 술탄 왕조 등으로 표기하는 것이 정확하지요. 하지만 이 책에서는 우리에게 친숙한 '왕조'라는 표현으로 통일하려고 합니다. 왕조와 달리 세습을 하지 않았던 초기 시대는 '정통 칼리파 시대'로 구분하고요.

정통 칼리파 시대의 칼리파들은 각자 큰 업적을 남겼습니다. 처음으로 무함마드를 계승한 아부 바크르는 흩어지려 한 아랍 세력을

이슬람 황금기를 열었던 아바스 왕조의 두 번째 수도 사마라 유적지는 2007년 유네스코 세계문화유산으로 지정되었다. 사마라는 9세기에 세워진 도시인데, 현재 남아 있는 이슬람 수도 가운데 원래의 구조와 건축, 모자이크와 조각 등의 예술품을 간직하고 있는 유일한 곳이다. 사진은 유적지 중 일부인 대모스크 모습이다. 대모스크도 9세기에 지어졌는데 당대엔 가장 큰 모스크였다. 독특한 나선형의 미나렛(말위야Malwiya라고도 부름. 아랍어로 '나선형 모양의'라는 형용사임)이 유명하다. 사진에서 왼쪽의 나선형 건축물이 말위야다.

통합했습니다. 두 번째 칼리파 우마르는 이슬람 세계의 영토를 현재의 이집트, 이란, 이라크 등으로 확장시킵니다. 세 번째 칼리파 오스만은 코란을 현재의 모습으로 편찬해 냅니다. 마지막 칼리파 알리는 앞서 말했듯이 시아파가 형성되는 데 결정적인 영향을 미쳤고요. 선거와 동의를 바탕으로 지도자를 뽑던 정통 칼라파 시대의 전통은 알리에서 끝이 납니다. 알리를 계승한 무와이야Muawiyah는 자기 아들에게 자리를 물려주죠. 우마이야 왕조라는 세습 왕조 시대가 시작된 겁니다.

우마이야 왕조는 661년에 수도를 메카에서 현재의 시리아 다마스쿠스로 옮깁니다. 750년에 아바스Abbasid 왕조에 멸망하지요. 우마이야 왕조는 이슬람 세계를 아라비아반도에서 이스라엘·팔레스타인·요르단·레바논·시리아 등 동지중해 연안으로까지 확장했다는 점에서 이슬람 역사에서 큰 의미가 있습니다.

아바스 왕조는 이라크 바그다드를 수도로 삼고 이슬람 문화의 황금기를 열지요. 페르시아 문화와 아랍 문화를 융합해 새로운 문화를 창조합니다. 당시 바그다드는 과학, 문화, 예술의 중심지였습니다. 아바스 왕조는 동서양을 잇는 교역의 중심지 역할도 하여 경제적으로도 번영했습니다. 그러다 1258년 몽골 제국에 멸망합니다.

아바스 왕조가 사라진 후 이슬람 세계에서는 작은 왕조들이 생겨났다 사라졌다 합니다. 중국의 춘추전국시대처럼 말이지요. 이 시기에 이슬람 세계는 다양한 지역의 역사, 문화, 관습을 흡수하며 점점 더 세력을 키우고, 제국의 씨앗도 품기 시작합니다. 이 시기를 '이슬람 중기'라고 합니다.

이슬람 중기를 지나 '제국'의 시대로 접어듭니다. 다른 국가나 민족을 지배하는 국가를 제국帝國이라고 합니다. 제국을 형성할 만큼 이슬람교가 세력을 확장했다는 증거지요. 제국 시대를 대표하는 나라가 15세기에서 20세기까지 존재했던 오스만 제국입니다. 사파비

Safavid 제국(1507-1736), 무굴Mughul 제국(1526-1858)도 있었고요.

현대에 들어서는 이슬람 국가들이 등장합니다. 이슬람 국가란 이슬람교가 그 나라의 주요 종교인 경우를 말해요. 그렇다 보니 정치, 경제 등 사회 모든 분야가 이슬람교 영향을 받습니다. 이런 나라들이 40여 개국입니다. 중동에서는 사우디아라비아·이라크·시리아·튀르키예·요르단·레바논 등이, 북아프리카에서는 이집트·알제리·모로코·튀니지·리비아 등이 이슬람 국가입니다. 남아시아에서는 방글라데시·파키스탄 등이, 아프리카에서는 수단·소말리아 등이 이슬람 국가예요. 동남아시아에서는 인도네시아·말레이시아 등이, 유럽에서는 보스니아 헤르체고비나·알바니아 등이 이슬람 국가입니다.

아리송한 말, 아랍과 중동

아랍과 중동을 섞어 쓰는 분이 많은데, 둘은 개념이 다릅니다.

먼저 아랍은 민족 개념이에요. 우리를 한민족이라고 하잖아요. 이런 것처럼 민족을 가리키는 말입니다. 아랍 민족은 아랍어를 쓰고, 이슬람교를 주로 믿습니다. 중동과 아프리카 지역에서 많이 삽니다. 아랍 국가는 아랍어를 국어로 쓰고, 국민 다수가 이슬람교를 믿는 나라고요. 아랍연맹에 속한 국가는 모두 아랍 국가로 보면 됩니다.

아랍연맹은 1945년에 아랍 국가들이 서로 협력하기 위해 만든 국제 기구입니다. 사우디아라비아·바레인·쿠웨이트·오만·카타르·예멘·이집트·이라크·요르단·레바논·시리아·수단·소말리아·리비아·알제리·튀니지·모리타니·모로코·코모로·지부티·아랍에미리트UAE와 팔레스타인해방기구PLO 모두 22개국이에요.

중동은 지역 개념이에요. 중동은 동지중해부터 아라비아만까지를 이릅니다. 아랍연맹 국가들 외에 이란, 튀르키예, 이스라엘, 아르메니아, 아제르바이잔, 조지아가 이 지역에 속하죠. 이스라엘을 포함하는 것만 봐도 알 수 있듯이 중동은 다양한 민족, 종교, 문화가 공존하는 지역입니다. 이 다양성이 갈등이 원인이 되기도 하지만요.

요즘은 중동을 '서아시아'로 씁니다. 중동은 영어로 Middle East인데, 유럽인들 시각에서 바라본 표현입니다. 반면 서아시아는 아시아의 서부 지역을 가리키는 정확한 지명이지요.

1900년경 유럽 사람들은 자신들을 기준으로 삼아 동양을 근동Near East, 중동, 극동Far East으로 나누었습니다. 이런 유럽 중심의 시각은 '오리엔탈리즘'이란 말도 탄생시켰지요. 오리엔탈리즘Orientalism은 1970년대 미국 문학평론가 에드워드 사이드Edward Said가 처음 만든 개념이에요. 서양이 동양을 바라보는 왜곡된 시선을 가리킵니다. 그 시선을 예로 들면, 서양은 이성적이고 합리적인데 동양은 비이성적이고 비합리적이라는 것입니다. 동양이 서양보다 뒤떨어졌다고 내려다보는 시각이 느껴지죠? 오리엔탈리즘은 서양의 동양 지배를 정당화하는 데 쓰이곤 했지요.

이슬람교 3대 성지

종교마다 성지가 있게 마련입니다. 성지聖地란 그 종교가 신성시하는 장소를 말하는데요, 당연히 이슬람교에도 있습니다. 메카, 메디나, 예루살렘입니다. 하나씩 살펴볼게요.

메카

첫 번째 성지는 메카입니다. 앞서 말했듯이 메카는 무함마드가 태어난 도시입니다. 무슬림들은 이 도시를 향해 하루에 5번 예배를 드립니다. 알라와 직접 소통하고, 죄를 뉘우치며, 신성한 삶을 살아가기 위해 자주 예배를 드리는 것이지요. 또 무슬림은 일생에 한 번은 핫즈Hajj를 해야 하는데, 핫즈는 메카의 '카바(Kaaba, 정육면체라는 뜻)

대모스크. 멀리 카바 신전이 보인다.

카바 신전. 안은 빈 공간에 가깝다. 향로와 기둥 몇 개가 있는 정도다. 카바의 동쪽 모서리에 '검은 돌'이 박혀 있는데 순례자들은 성지 순례(핫즈) 기간에 카바를 돌면서 이 돌에 입을 맞추거나 이 돌을 만진다. 코란에 따르면, 알라가 지시해 아브라함과 이스마엘이 카바를 지었다고 한다. 무슬림들은 메카 방향으로 하루에 5번 기도를 하는데, 정확히는 메카의 카바 신전을 향해서다.

❶ '검은 돌'을 만지려는 순례자들 ❷ 카바 내부

신전'을 찾아가 순례하는 의식을 말합니다.

카바는 이슬람교가 창시되기 전부터 있었습니다. 다신교를 숭배하는 성소였지요. 무함마드가 메카를 정복한 후 카바에 있던 우상들을 없애고 이슬람의 성지로 선포했습니다. 무함마드는 카바를 중심으로 모스크를 건설하기 시작했고 후대에 완성된 것이 현재의 대모스크(마스지드 알하람Masjid al-Haram이라고도 함)입니다. 무슬림들은 카바 신전을 가장 신성시하는데, 이런 배경 때문입니다. 핫즈를 지키기 위해 매년 무슬림 400만 명 이상이 메카를 찾습니다.

메디나와 예루살렘

두 번째 성지는 메디나입니다. 메디나는 무함마드가 이슬람교를 설파하고 최초의 무슬림 공동체를 이룬 도시입니다. 이곳에서 무함마드는 이슬람교의 기본 원리를 가르쳤고, 가르침을 받은 무슬림들은 메디나를 중심으로 이슬람교를 확산시켰지요. 무함마드는 메디나에서 죽습니다. 이후 모스크 '예언자의 사원(알마스지드 안나바위al-Masjid an-Nabawi, 알마스지드는 '모스크'를 뜻하고, 안나바위는 '예언자의'라는 형용사다. 그러므로 알마스지드 안나바위는 '예언자의 모스크'라는 뜻)'의 녹색 돔Green Dome 아래에 묻혔다는 설이 있기도 합니다.

세 번째 성지는 예루살렘입니다. 무슬림들은 무함마드가 예루살

메디나의 '예언자의 사원'. 녹색 돔 아래에 무함마드가 묻혔다는 설이 있다.

아아크사 모스크

알하람 알샤리프에 세워진 알아크사 모스크와 바위의 돔

바위의 돔

렘에서 '천상 여행'을 했다고 믿습니다. 이슬람교 초기엔 예루살렘이 기도 방향이기도 했습니다. 이후에 정치적인 이유*로 메카로 바뀌었지만요.

천상 여행이란 무함마드가 메카에서 '부락'을 타고 예루살렘으로 이동한 뒤, 천상으로 올라가 알라와 만났다는 이야기입니다. 이 여정은 꿈이나 밤 동안의 여행으로 묘사되는데, 무함마드는 천상에서 천사들과 이전의 선지자들도 만났다고 하지요. 여기서 부락Buraq은 천상 여행 때 무함마드가 타고 간 존재를 말하는데, 이슬람교에서는 초자연적인 말과 비슷한 생물로 여깁니다. 부락은 무함마드를 메카에서 예루살렘까지 데려오고, 예루살렘에서 하늘로 데려갔다가 내려놓았다고 합니다.

예루살렘 구시가지에 있는 언덕 알하람 알샤리프(al-Haram al-Sharif, 고귀한 성소라는 뜻)에서 무함마드가 하늘로 승천했기 때문에 무슬림들은 이곳을 성지로 여깁니다. 이곳에 '알아크사 모스크Al-Aqsa mosque'와 '바위의 돔Dome of the Rock'이라는 종교 건축물이 있습니다.

그런데 알하람 알샤리프는 유대교, 기독교에도 성지입니다. 유대교에서는 알하람 알샤리프를 성전산이라고 부릅니다. 성전산聖殿山이란 말 그대로 '성전이 있는 산'이란 뜻입니다. 어떤 성전일까요? 유

★ 이슬람교가 막 생겼을 때는 무슬림들과 유대인들 사이가 좋았다. 이슬람이 확산되면서 사이가 틀어졌다. 이에 무함마드는 유대교 성지였던 예루살렘에서 메카로 기도 방향을 바꾼다.

대인들은 세 개의 성전을 지었는데 제1성전(솔로몬 성전), 제1성전이 있던 자리에 다시 지은 제2성전(스룹바벨 성전), 그리고 헤롯 왕이 제2성전을 확장·증축한 제3성전(헤롯 성전)이 그것입니다. 이 성전들을 지은 곳이 성전산이기 때문에 성지로 여기는 것입니다. 그뿐 아니라 장차 메시아가 내려올 것이고, 그 메시아가 성전산에 다시 성전을 지을 거라고 믿고 있지요. 기독교는 유대교와 구약을 공유하기 때문에 유대교처럼 성전산을 신성하게 여깁니다.

정리하면, 알하람 알샤리프는 이슬람교, 유대교, 기독교 모두에게 성지입니다. 성지가 겹치다 보니 종교인들 간에 갈등이 일어나기도 합니다. 국제 사회에서는 이런 갈등을 막기 위해 어느 나라도 예루살렘을 소유하지 못하게 규정해 놓았습니다. 하지만 실제로는 이스라엘이 예루살렘을 지배하고 있습니다. 이스라엘은 유대교를 믿는 사람이 많은 국가지요. 이 때문에 여러 구실을 들어 무슬림들이 알하람 알샤리프를 방문하지 못하게 막곤 합니다. 그 과정에서 무력 충돌이 여러 번 일어났습니다.

알하람 알샤리프냐 성전산이냐

알하람 알샤리프를 놓고 무슬림과 유대인의 갈등이 깊어진 건 1967년 제3차 중동 전쟁 후 이스라엘이 동예루살렘을 장악하면서입니다. 유대인들이 1948년 팔레스타인 땅에 이스라엘이라는 나라를 세운 후 아랍인들과 유대인들은 4차례에 걸쳐 중동 전쟁을 벌입니다. 네 번 모두 이스라엘이 승리합니다. 그로 인해 이스라엘은 점점 더 영토를 넓혀 갔습니다. 3차 중동 전쟁으로 새로 획득한 땅 중 하나가 동예루살렘이었고요.

이스라엘은 알하람 알샤리프에 대한 자신들의 권리를 주장하고, 그곳에 성전을 재건하려는 움직임을 보였습니다. 팔레스타인 무슬림들은 당연히 항의했지요. 그곳은 자신들에게도 성지니까요.

국제 사회는 분쟁을 막기 위해 알하람 알샤리프 관리를 요르단에 맡겼습니다. 알하람 알샤리프 내의 치안은 이스라엘에 맡겼고요. 하지만 이스라엘은 예루살렘에 유대인 정착촌을 늘려 가면서 '땅따먹

이스라엘이 설치한 금속 탐지기(위)와
탐지기 통과를 거부하며 알하람 알샤리프 입구에서 기도하는 무슬림들(아래)

기'에 들어갔습니다. 성전 재건도 포기하지 않았고요. 이에 팔레스타인 사람들은 계속 반발합니다.

그러던 중에 2017년 7월 알아크사 모스크에서 총격 사건이 일어납니다. 이스라엘 경찰관 2명이 무장한 괴한이 쏜 총에 사망합니다. 범인들은 아랍계 이스라엘인 3명으로 밝혀졌습니다. 이들은 현장에서 사살되었습니다. 이들이 범행을 저지른 이유는 아직도 모릅니다.

이스라엘은 이 사건을 계기로 알하람 알샤리프 내외부의 보안을 강화하겠다고 밝히죠. 이를 위해 금속 탐지기를 설치합니다. 무기나 폭발물 등의 반입을 막아 테러를 막겠다는 것입니다. 팔레스타인 사람들은 거세게 항의했습니다. 금속 탐지기를 통과하는 행위 자체가 알하람 알샤리프가 이스라엘의 것이라고 인정해 주는 격이 되기 때문이지요. 결국 이스라엘은 금속 탐지기를 철거합니다.

알하람 알샤리프는 여전히 정치, 종교적으로 민감한 지역으로 남아 있습니다.

꼭 지켜야 하는 5가지

종교마다 꼭 지켜야 할 것들이 있습니다. 이슬람교에도 있지요. 무슬림들은 무엇을 꼭 지켜야 할까요? '5가지 기둥'과 '6가지 믿음'입니다. 5가지 기둥부터 살펴볼게요.

그전에 잠깐, 왜 '기둥'이라는 표현을 썼을까요? 기둥을 탄탄하게 세워야 안전한 집을 지을 수 있듯이, 신앙의 기본을 이루는 5가지를 마음을 다해 실천해야 신실한 무슬림이 될 수 있다는 것입니다.

5가지 기둥은 신앙고백, 매일 5회 예배, 라마단 기간 금식, 자선, 성지 순례입니다. 하나씩 살펴볼게요.

신앙고백

첫 번째 기둥은 신앙고백(아랍어로 샤하다Shahadah라고 함)입니다. 신앙고백 내용은 "알라 이외의 신은 없으며, 무함마드는 그분의 사도*입니다"입니다. 이슬람에 입교하려는 사람은 샤하다를 아랍어로 암송해야 합니다. 사우디 국기에도 이 문구가 쓰여 있습니다.

사우디아라비아 국기. 무슬림들의 신앙고백인 '샤하다'가 아랍어로 쓰여 있다. 사우디에서는 국기에 경례를 하거나 고개를 숙이지 않는다. 무슬림들은 오직 알라만 숭배하게 돼 있기 때문이다.

★ 사도

이슬람교에서 사도는 신의 계시를 받아 인간에게 전달하는 역할을 한다. 이슬람에서는 예언자와 사도가 조금 다르다. 예언자는 신의 계시만 받지만, 사도는 그 계시를 사람들에게 구체적인 행동 지침으로 전달한다. 아담·노아·아브라함·모세·예수·무함마드는 예언자이자 사도이다. 특히 무함마드는 마지막 예언자이자 사도이다. 코란은 무함마드가 살아생전에 계시받은 알라의 말씀을 기록한 것이다.

기도

두 번째 기둥은 하루 5번의 기도(살라트Salat)입니다. 매일 새벽, 정오, 오후, 저녁, 밤에 기도합니다. 기도 시간은 지역마다 조금씩 다르지만 보통 새벽 5시, 낮 12시, 오후 3시, 저녁 6시, 밤 9시경에 합니다. 기도를 5번이나 하는 이유는 나쁜 행동을 반성하고 다시는 반복하지 않기 위해서입니다. 일 때문에 기도 시간을 놓친 경우엔 일이 끝난 후 혼자서 하면 됩니다.

요즘 무슬림들은 핸드폰 알람을 이용해 기도 시간을 챙기는데, 무슬림이 많은 국가에서는 모스크에서 아잔을 틀어 줍니다. 아잔Azan은 이슬람교에서 기도 시간을 알리는 외침인데요, 외침 내용은 "알라는 위대하다"입니다. 과거에는 모스크 첨탑에 사람이 올라가 기도 시간을 알렸어요. 이 일을 하는 사람을 '무에진Muezzin'이라고 하지요. 무에진은 '외치는 사람' 또는 '신호하는 사람'이란 뜻입니다. 요즘은 스피커로 아잔을 틀어 주는 경우가 많습니다.

기도할 때는 메카의 카바 신전을 향해야 하는데, 이 방향을 키블라Qibla라고 합니다. 키블라는 스마트폰에 키블라 앱을 깔거나 키블라 나침반을 사용하거나 키블라 각도 표를 참고해 찾을 수 있습니다. 모스크에서는 키블라를 표시하는 움푹 들어간 벽감이나 기둥을 건축 요소로 갖추어 놓기도 합니다. 키블라를 알려 주는 이곳을 미

기도 시간을 알리는 무에진

아잔 소리를 들어 보세요!

키블라 나침반

흐랍Mihrab이라고 한답니다.

기도는 보통 다음 순서로 진행합니다.

❶ 손발을 깨끗이 씻습니다.

❷ 눈을 감고 기도 목적을 되새깁니다.

❸ 찬양을 합니다.

❹ 코란을 암송합니다.

❺ 허리를 숙여 무릎을 꿇고 앉아 기도합니다.

❻ 이마를 땅에 대고 기도합니다.

❼ 고개를 듭니다.

미흐랍 앞에서 기도하는 무슬림

❽ 다시 이마를 땅에 대고 기도합니다.

❾ 기도를 마무리하는 찬양을 합니다.

기부

세 번째 기둥은 기부(자카트Zakat)입니다. 교회로 치면 헌금이지요. 일정 수준 이상의 부를 쌓은 무슬림은 매년 소득이나 재산의 2.5퍼센트를 기부해야 합니다. 금이나 은, 현금 등으로 낼 수 있는데 재산 기준은 학파, 종파, 지역, 개인의 관점 등에 따라 조금씩 다릅니다.

자카트는 자발적으로 내게 돼 있지만, 일부 국가(리비아·말레이시아·파키스탄·사우디아라비아·수단·예멘 등)에서는 세금처럼 징수하기도 합니다. 이 돈은 주로 가난한 사람들을 돕는 데 쓰입니다.

금식

네 번째 기둥은 금식(사움sawm)입니다. 이슬람 달력에서 아홉 번째 달 이름이 라마단입니다. 라마단 한 달 동안 무슬림은 해가 떠 있는 동안에는 금식을 합니다. 음식뿐 아니라 물을 포함한 음료도 마시지 않습니다. 해가 진 뒤에는 식사를 할 수 있는데 이 식사를 이프타르

Iftar*라고 합니다. 이프타르는 아랍어로 '금식 해제'를 뜻하지요.

일부 국가에서는 라마단 기간에 수영장을 닫기도 합니다. 라마단 기간에는 금식뿐 아니라 금욕적인 생활을 합니다. 성생활을 금하고 거짓말, 욕설, 싸움 같은 부정적인 말이나 행동도 금지합니다. 금식하면서 마음을 순수하게 유지하려는 것이지요.

왜 금식을 하는 것일까요? 먼저 무슬림들은 금식을 통해 무함마드의 고행을 되새깁니다. 인내심, 자제심 그리고 신 앞에서는 모두가 평등하다는 마음가짐도 키웁니다. 무엇보다 가난한 사람들의 굶주림을 경험하고 이들을 도와야겠다고 다짐하는 계기로 삼습니다. 즉 금식을 통해 더 나은 사람으로 성장하려고 합니다.

물론 모든 사람이 금식을 하는 건 아닙니다. 전쟁 중인 군인, 장거리 여행자, 어린이나 노약자, 임산부나 수유부, 월경 중인 여성, 환자는 금식을 면제받습니다. 열 살 이하의 아이들은 금식의 의무가 없습니다. 개인 사정 탓에 금식을 못할 경우에는 라마단 이후에라도 금식 못한 날만큼 단식을 하면 됩니다.

라마단 기간에 이슬람 국가로 여행을 갔다면 어떻게 하는 것이 좋

★ 이프타르

이프타르에서는 주로 어떤 음식을 먹을까. 거의 종일 굶었으니 대추야자, 수프(토마토수프, 렌틸콩수프 등), 야채 샐러드 같은 부드러운 음식으로 첫술을 뜬다. 너무 자극적이거나 딱딱한 음식은 위에 부담을 주기 때문이다. 특히 대추야자는 이프타르의 대표적인 음식이다. 요즘은 뷔페 전문점이나 호텔 등에 이프타르 메뉴가 있다. 젊은이들은 아이스크림, 버거 등을 먹기도 한다.

을까요? 금식까지는 못하더라도 낮에는 공공장소에서 음식을 먹거나 음료를 마시지 않는 것이 좋겠습니다.

성지 순례

다섯 번째 기둥은 성지 순례입니다. 무슬림은 일생에 한 번 성지를 순례해야 합니다. 순례는 대순례(핫즈Hajj)와 소순례(우므라Umrah)로 나뉩니다. 대순례는 정해진 기간에 성지를 순례하는 것을 말하고, 소순례는 그 기간 외에 성지를 순례하는 것을 말합니다. 대순례는 의무지만, 소순례는 그렇지 않습니다.

　여기서 '정해진 기간'은 언제를 말하고, 또 '어느 성지'를 순례한다는 말일까요? 정해진 기간은 이슬람 달력으로 12월(두 알힛자)을 말합니다. 구체적으로는 12월 8일부터 12일까지 5일 동안입니다. 이 기간에 이슬람교 3대 성지 중 첫손가락으로 꼽는 메카의 카바 신전과 주변 지역을 순례합니다.

　순례는 보통 다음 순서로 이루어집니다.

대순례(핫즈) 코스

────────────────────────────────────

❶ **메카 입성** 메카에 입성하기 전에 순례자들은 순례 옷차림(이흐람Ihram이라고
함. 이흐람은 '순례자들의 옷차림'이란 뜻)을 갖추고 특정 기도와 함께 순례를 시
작한다. 남성은 솔기 없는 두 조각 흰옷을 입고, 여성들은 정숙한 차림의 흰옷
을 입는다. 보통 머리와 몸을 가리는 흰색 히잡을 쓴다. 흰색은 순수한 마음으
로 순례에 임한다는 뜻이면서 모든 무슬림이 평등하다는 뜻이다.

❷ **카바 신전 돌기** 순례자들은 가장 중요한 성지인 카바 신전을 시계 반대 방향으로 7번 돌며 의식을 시작한다. 신에게 헌신하겠다고 다짐하는 의식이다. 7번 도는 이유는 이슬람 공동체가 하나가 되어 신께 예배한다는 의미를 담고 있는데, 중동에서 숫자 '7'은 '완벽함, 많음'을 뜻한다. 카바 신전을 시계 반대 방향으로 도는 의식을 타와프Tawaf라고 한다.

❸ **사파와 마르와 사이를 7번 왕복하기** 사파Safa와 마르와Marwa 언덕 사이를 7번 왕복한다. 사파와 마르와는 대모스크 안에 있는 두 개의 언덕인데, 순례자들은 카바를 7번 돈 후 두 언덕 사이를 다시 7번 왕복한다. 이슬람 신화에 따르면, 아브라함의 아들 이스마엘과 그의 어머니 하갈은 메카로 쫓겨났을 때, 마실 물이 없었다고 한다. 하갈은 아들 이스마엘을 위해 사파와 마르와 언덕을 뛰어다니며 물을 찾았다고 한다. 순례자들은 이 일을 되새기며 하갈처럼 절망 속에서도 희망을 잃지 않고 신을 향해 나아가자고 다짐한다. 사파와 마르와 언덕 사이를 7번 오가는 행위를 사이Saee라고 한다. 사진은 마르와 언덕에 다다른 사람들

④ **미나로 이동** 미나Mina는 메카에서 약 19킬로미터 떨어진 곳에 위치한 작은 계곡인데, 순례자들이 순례 기간 동안 머무는 텐트가 모여 있는 장소다.

⑤ **아라파트산에서 하루 보내기** 아라파트Arafat산은 메카에서 동남쪽으로 약 15-20킬로미터 떨어진 곳에 있는데, 무함마드가 마지막 설교를 한 곳으로 유명하다. 이곳에서 순례자들은 죄를 뉘우치고, 새로운 시작을 다짐하며 기도한다. 해 질 녘 순례자들은 무즈달리파로 이동한다.

➏ 무즈달리파에서 밤 보내기 무즈달리파Muzdalifah는 아라파트산에서 미나로 이동하는 길목에 있는 개방된 평원이다. 순례자들은 이곳에서 밤을 보내며, 다음 날 미나에서 던질 돌을 줍는다.

➐ 미나에서 악마에게 돌 던지기(악마 기둥에 돌 던지기) 미나 계곡에는 '악마의 돌기둥'이 3개 있는데, 순례자들은 이 기둥에 7개씩 돌을 던지며 "악마야, 물러가라!"고 외친다. 죄를 씻는 의식이다. 3개의 돌기둥은 아브라함, 아브라함의 아내 하갈, 아들 이스마엘을 유혹한 악마를 상징한다.

❽ **동물 희생제** 양이나 염소를 희생시킨다.
❾ 머리카락을 깎고 이흐람을 벗는다.

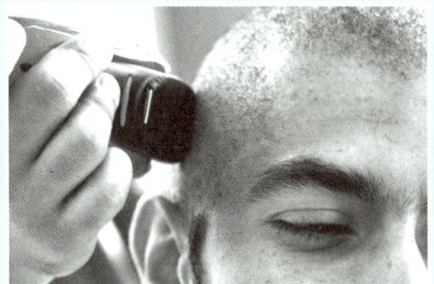

❿, ⓫ 메카로 돌아와 2번과 3번을 다시 수행한다.
⓬ 미나에서 악마에게 다시 돌을 던진다. 2번을 다시 수행한 후 마친다.

　대순례 기간이 되면 전 세계 무슬림이 사우디로 모여듭니다. 사람
이 너무 몰려 압사 사고가 자주 일어나기 때문에 사우디에서는 방문
자 수를 제한하는 등 대책을 마련하기도 합니다. 일례로 2004년에
사우디 정부는 〈악마에게 돌 던지기〉 의식 때 순례자들이 돌을 던지
는 돌기둥을 큰 폭의 돌벽으로 개조했습니다. 순례자들이 돌기둥에
돌을 맞히려고 최대한 가까이 다가가다 여러 번 압사 사고가 일어났
기 때문이지요. 그래서 지금은 순례자들이 돌기둥이 아닌 돌벽에 돌
을 던지게 돼 있습니다.

성지 순례 예외자들

성지 순례는 무슬림이면 꼭 지켜야 할 의무지만 모든 사람에게 강요하지는 않습니다. 몸이 아픈 사람, 경제적으로 어려운 사람(항공료, 숙박비, 식비 등 돈이 꽤 많이 듦), 어린이나 노인 등은 하지 않아도 됩니다. 즉 건강하고 경제적으로 순례할 능력이 있는 무슬림들에게 부여한 의무이지요.

성지 순례는 왜 하는 것일까요? 신과 더 가까워지고 싶어서이고, 다른 무슬림들과 만남으로써 이슬람 공동체와 연결되는 경험도 하기 위해서입니다. 순례를 마치고 돌아간 사람은 핫지Hajji라는 칭호를 받으며, 지역 사회에서 존경받는 존재가 됩니다.

여행할 때 명심할 것

반바지, 핫팬츠 NO

이슬람 국가를 여행할 때 여성은 히잡을 쓰는 것이 좋다.

이슬람 국가를 여행할 때는 옷차림에 신경 쓰는 것이 좋습니다. 모스크를 방문할 때는 각별히 단정해야 합니다. 지나치게 짧거나 노출이 심한 옷은 피해야겠지요. 몸에 달라붙는 옷이나 이슬람을 모독하는 글, 그림이 있는 옷도 입지 않아야 합니다. 여성은 히잡이나 스카프를 착용하는 것이 좋습니다.

모스크를 방문할 때는 먼저 신발을 벗어야 합니다. 맨발로 혹은 양말을 신고 모스크 안으로 들어가면 됩니다. 신발은 비닐봉지 등에 넣어 들고 다니거나 지정된 곳에 보관하면 됩니다. 모스크 안에서 사진 촬영은 금지되어 있는데, 꼭 찍어야 할 때는 미리 허락을 받으세요.

선교나 포교 NO

이슬람 국가에서는 종교를 대화 주제로 삼지 않는 것이 좋습니다. 종교 얘기에 민감하기 때문입니다. 당연히 종교 논쟁이나 이슬람을 비판하는 말도 하지 않은 것이 좋습니다. 이슬람 국가에서는 절대로 선교나 포교 활동을 해서는 안 된다는 점도 명심하세요. 선교나 포교 활동은 특정 종교를 알리면서 믿으라고 하는 것을 말해요. 이슬람 국가에서 이런 행동은 불법입니다. 사우디아라비아, 카타르, 이란 등에서는 이슬람교에서 다른 종교로 바꾸는 것 즉, 개종改宗을 아예 금지하고 있습니다. 사우디의 경우 개종하면 심지어 사형까지 시킵니다. 외국인이라고 해서 봐주지 않습니다. 개종에 대해 이처럼 강력하게 처벌하는 이유는 이슬람을 버리고 다른 종교를 믿는 행위가 국가의 안전을 위협한다고 여기기 때문입니다.

여성에게 악수 NO

이슬람 국가를 여행할 때 또 기억해야 할 점은 무슬림 여성에게 악수를 청해서는 안 된다는 것입니다. 한마디로 무슬림 여성에게 지나치게 관심이나 호기심을 보여서는 안 되는 것이지요.

앞서 강조했듯이 라마단 기간에는 공공장소에서 음식을 먹거나 음료를 마시거나 담배를 피우거나 춤을 추거나 음악을 트는 등의 행동을 하지 말아야 합니다.

무슬림들은 길거리에서도 예배를 드립니다. 길거리를 다닐 때 예배를 드리는 사람들이 있다면 앞을 가로막지 않도록 또한 주의해야 합니다.

이번엔 6가지 믿음에 대해 알아볼게요.

알라

첫 번째로 믿어야 하는 것은 단연 알라입니다. 이슬람에서 알라는 전지전능하고, 인종·성별·신체가 없는 존재입니다. 아들도 없습니다. 기독교와는 다르죠. 기독교는 삼위일체를 믿으니까요. 삼위일체란 하나님이 성부, 성자, 성령 세 인격으로 존재한다는 교리입니다. 성부는 하나님이고, 성자는 하나님의 아들인 예수이고, 성령은 하나님의 영으로, 믿는 자들에게 임재(臨在, 신이 인간에게 나타나는 일을 말함)해 이들을 위로하고, 인도하며, 이들에게 힘을 주는 존재입니다. 성령은 하나님과 사람 사이를 연결하는 역할을 합니다.

천사

두 번째는 천사입니다. 천사는 알라를 경배하고, 알라의 명령을 수행하는 보이지 않는 존재입니다. 특히 기독교에서 마리아에게 수태고지受胎告知*를 한 대천사 가브리엘은 무함마드에게 알라의 계시를 처음 알린 천사입니다. 천사의 역할은 이슬람교, 유대교, 기독교 모두 같습니다. 신의 뜻을 전하고, 신을 돕는 존재이지요.

코란

세 번째는 코란입니다. 코란은 이슬람교 경전입니다. 무슬림들은 코란을 다른 언어로 번역하지 않습니다. 아랍어로 쓰인 코란만이 진정한 신의 말씀이라고 믿기 때문이지요. 코란을 다른 언어로 번역해야 할 때는 '코란 해석본'처럼 다른 명칭을 씁니다. 이처럼 코란을 신성

★ 수태고지
천사 가브리엘이 처녀 마리아에게 찾아와 성령으로 예수를 잉태할 것을 알리고, 마리아가 이를 받아들이는 사건을 말한다.

시하기 때문에 무슬림 앞에서 코란을 함부로 다루는 것은 예의에 어긋나는 행동입니다. 무슬림은 코란 외에 무함마드의 언행과 일화를 기록한 생활지침서 《하디스Hadith》도 읽습니다. 《하디스》는 무함마드가 죽은 후에 기록되었으며, 그의 삶과 가르침을 후대에 전달하는 중요한 역할을 하지요.

사도

네 번째로 믿어야 하는 것은 알라가 이 땅에 보낸 사도입니다. 무슬림들은 아담·노아·아브라함·모세·예수·무함마드 모두 사도라고 믿습니다. 이 중 무함마드를 마지막 사도로 믿습니다.

최후의 심판

다섯 번째는 최후의 심판입니다. 무슬림은 최후의 심판 날에 모든 인간은 죗값을 치른다고 믿습니다. 선하게 산 사람은 낙원으로 가고, 악행을 거듭한 자는 지옥에 간다고 믿지요. 최후의 심판 날은 언제를 말하는 것일까요? 무슬림은 알라가 나팔 소리와 함께 이 세상에 재림하리라 믿습니다. 재림한 알라가 모든 인간을 부활시켜 살아

코란을 읽는 노인

생전 행적대로 심판하는 것이지요. 또한 무슬림은 알라가 재림할 때 예수도 다른 예언자들과 함께 재림해 알라의 옆에서 최후의 심판을 지켜볼 것이라고 믿습니다.

정해진 운명

여섯 번째로 믿어야 하는 것은 정명定命, 즉 정해진 운명입니다. 여기서 운명은 알라가 인간 각자에게 부여한 운명을 말합니다. 그렇다고 해서 나쁜 짓을 하는 것까지 신이 정한 것은 아닙니다. 기본적으로 인간에게는 자유 의지가 있으니까요. 신의 뜻대로 사는 것도, 이를 거부하는 것도 인간의 선택이라고 봅니다.

무슬림이라면 명심해야 할 두 단어가 있습니다. 바로 할랄Halal과 하람Haram입니다. 할랄은 아랍어로 '허용된 것'이라는 의미이고, 하람은 '금지된 것'입니다. 이 경우 하람을 알면 할랄은 자연스럽게 알게 될 것입니다. 금지된 것 외에는 대부분 허용된 것일 테니까요.

돼지고기 NO

금지된 것 중에서 음식 먼저 살펴볼게요. 무슬림들은 어떤 음식을 먹지 않을까요? 일단 돼지고기를 먹지 않습니다. 앞에서 말했듯이 이슬람교가 처음 시작돼 번성한 곳이 덥고 건조한 중동입니다. 중동엔 사막도 많고요. 이런 환경에서는 돼지를 기르기 어렵습니다. 돼지는 물을 많이 마시고 체온 조절 능력도 약하거든요. 사람들은 자신이 마실 물도 부족한데 돼지에게 먹이고 돼지 몸의 열을 식히는 데까지 물을 써야 하니 부담스러웠을 겁니다. 더욱이 돼지는 밀·옥수수·감자·콩 등 사람들이 먹는 곡물을 주로 먹는데, 소나 양과 달리 인간에게 줄 건 고기밖에 없습니다. 이 고기마저 지방질이 많아 금방 상해 보관하기 어려웠지요. 돼지는 다리가 짧아 유목 생활에도 불리했습니다. 이런 여러 이유 때문에 돼지고기를 금지한 것이라는 분석이 지배적입니다. 무슬림들은 우리가 흔히 먹는 돈가스나 삼겹살, 제육볶음 같은 음식들을 먹을 수 없습니다.

술 NO

돼지고기와 함께 무슬림이 절대로 먹어서는 안 되는 것이 술입니다. 코란에서 금지하기 때문이에요. 무함마드가 술로 인한 폐해를 직접 목격하고 술을 금지했다고 전해지지요. 문화적으로 보자면, 술은 보통 곡물과 물로 빚으니 이 때문에 금지한 것일 수도 있습니다. 사람도 먹고 마실 것이 풍부한 환경이 아니니까요. 술은 몸에서 열이 나게 하기 때문에 더운 지역에 사는 사람들에겐 좋을 리가 없었고요.

순대 NO

이외에도 무슬림은 동물의 피와 동물의 피를 이용한 음식(예: 순대) 은 먹을 수 없습니다. 사자, 호랑이 같은 육식동물과 독수리 같은 맹 금류도 먹으면 안 됩니다. 파충류, 곤충(메뚜기는 제외), 개, 고양이 역 시 먹으면 안 되고요. 자연사한 동물 역시 식재료로 삼을 수 없습니 다. 날개 없는 수중 생물도 먹지 못합니다. 날개 없는 수중 생물이란 지느러미와 비늘이 없는 생물을 말하는데 문어, 오징어, 뱀장어, 가 오리, 갑각류, 조개류 등입니다.

이외의 동물이더라도 이슬람 율법*에 따라 도축한 동물만 먹을 수 있습니다.

'이슬람 율법에 따라 도축했다'는 건 무슨 의미일까요? 이슬람 율

★ **이슬람 율법**
이슬람 율법을 샤리아Sharia라고 한다. 샤리아는 '물길을 따라가는 분명하고 잘 다져진 길'이라는 뜻으로, 신의 뜻에 따라 올바른 삶을 살도록 인도하는 길이라는 의미다. 코란과 무함마드의 가르침을 바탕으로 만들어진 규범 체계다. 사생활을 비롯해 정치, 경제, 종교, 법 등 거의 모든 분야에 적용된다.
일례로 심장 판막에 이상이 있는 환자가 있다고 하자. 의사는 환자에게 돼지나 소의 심장 판막으로 대체하는 수술을 진행하자고 권한다. 무슬림인 환자는 돼지 판막이라는 이유로 거부한다. 하지만 의사는 환자의 건강을 위해 다시 권하고, 환자도 마침내 전문가인 의사 의 말을 따른다. 이처럼 샤리아는 법적인 강제성이나 구속력이 있다기보다는 무슬림 스 스로가 지키면서 살아가려는 생활 규칙 같은 것이다. 할랄과 하람을 최대한 지키되 경우 에 따라 융통성을 발휘하면서 말이다.

나라별 할랄 인증 마크

법에서는 음식의 정결성을 중요시합니다. 그러자면 동물에서 피를 완전히 제거해야 합니다. 이 과정까지 동물이 살아 있다면 너무도 고통스럽겠지요. 그래서 무슬림들은 동물의 고통을 최대한 줄이기 위해 다음과 같은 순서로 도축합니다. 이런 도축을 '할랄 도축'이라고 합니다.

우선 동물의 머리를 이슬람교 성지인 메카 방향으로 두고, 도축할 동물을 위해 기도합니다. 그리고 동물의 목을 단칼에 내리쳐 숨을 끊습니다. 단칼에 내리쳐도 동물은 고통을 느낄 수 있어 할랄 도축을 동물 학대로 보는 시각도 있습니다.

음식 조리법이 다양하지 않고 가공식품이 없던 과거에는 할랄 음식을 구분하는 것이 그다지 어렵지 않았습니다. 그런데 지금은 가공식품만 해도 어마어마하지요. 과자부터 음식 맛을 돋우는 조미료까지 아주 다양합니다. 돼지고기가 함유된 라면도 의외로 많습니다. 이렇다 보니 무슬림들은 가공식품을 살 때마다 어떤 재료가 쓰였는지 늘 확인해야 합니다. 금기시하는 재료가 포함된 것은 아닌지 살펴봐야 하지요. 매번 이래야 한다면 얼마나 피곤할까요? 그래서 일부 국가에서는 무슬림이 먹어도 되는지 미리 확인한 후 인증해 놓습니다. 할랄 인증 마크를 부착해 놓고요.

종교마다 금기시하는 음식들

이슬람교에만 금지하는 음식이 있는 건 아닙니다. 종교마다 금기시하는 음식들이 있습니다.

불교

먼저 불교에서는 맵고 향이 강한 오신채五辛菜라는 5가지 채소를 금합니다. 수행을 방해한다는 이유에서지요. 오신채는 마늘, 파, 부추, 달래, 흥거를 말합니다. 그래서 절에서는 오신채를 사용하지 않은 음식을 '사찰 음식'이라고 합니다.

많이 알려진 사실인데, 불교에서는 육식도 금합니다. 생명을 존중하는 마음에서 비롯된 거지요. 육식을 하려면 살생을 해야 하는데, 그 과정에서 분노와 폭력이 싹트고 그것이 마음을 오염시킨다고 봅

불교에서 금기시하는 오신채. (위 왼쪽부터 시계 방향으로) 달래, 흥거, 파, 마늘, 부추

니다. 그럼 불교에서 중요시하는 자비심과는 마음이 멀어지지요.

육식을 금하는 건 불교의 중요한 사상인 '윤회'와도 관련 있습니다. 윤회輪廻는 죽은 후 다시 태어나는 것을 말합니다. 모든 생명은 윤회를 통해 여러 삶을 경험하고, 그 과정에서 자비와 선행을 쌓아 마침내 고통에서 벗어난다고 불교도들은 믿지요. 그런데 육식은 살생을 하기 때문에 이 순환을 깨뜨립니다.

유대교

유대교에서도 금지하는 음식들이 있습니다. 유대교에는 음식 율법인 코셔Kosher가 있습니다. 여기에 먹을 수 있는 것과 없는 것을 규정해 놓았지요. 코셔는 히브리어인데 '적절한', '알맞은'이라는 뜻입니다. 이슬람교의 할랄 인증 마크처럼 유대인들도 코셔 인증 마크가 부착된 음식들을 먹습니다.

먼저 유대교도 이슬람교처럼 돼지고기를 먹지 않습니다. 코셔에 먹지 말라고 돼 있기도 하지만, 역사적인 배경도 있어 보입니다. 유대인들은 오랜 시간 로마의 지배를 받았는데, 로마인들이 가장 좋아하는 식재료가 돼지고기였습니다. 유대인들은 자신의 정체성을 지키기 위해 돼지고기를 일부러 멀리했다고 합니다.

또 유대교에서는 발굽이 갈라지고 되새김질을 하는 동물만 먹게

돼 있습니다. 소, 양, 염소, 사슴 등이 대표적이지요. 발굽이 갈라지지 않았거나 되새김질을 못하는 동물, 이를테면 돼지·낙타·바위너구리·토끼 등은 먹을 수 없지요. 먹을 수 있는 육류도 피를 제거한 상태에서 먹을 수 있

이스라엘 패스트푸드점에서는 치즈버거를 팔지 않는다. 아예 메뉴에도 없다. 유대인은 치즈와 고기를 함께 먹지 않기 때문이다.

습니다. 이런 점은 이슬람교와 비슷하지요.

또 유대교에서는 지느러미와 비늘이 있는 물고기(멸치, 삼치, 꽁치 등)만 먹을 수 있습니다. 지느러미나 비늘이 없거나, 둘 다 없는 물고기(오징어, 문어, 뱀장어 등)도 먹을 수 없고, 갑각류도 금지합니다.

유대교에서는 고기와 유제품을 동시에 먹거나, 한 식사에서 고기와 유제품을 함께 먹는 것도 금지합니다. 예를 들면, 패티에 치즈를 올린 치즈버거나, 고기 토핑과 모차렐라 치즈를 얹은 피자를 먹으면 안 되는 것이지요.

힌두교

이번엔 힌두교에서 금기시하는 음식들을 알아볼게요. 힌두교에서는

소를 신성시해서 소고기를 먹지 않습니다. 돼지고기도 잘 먹지 않습니다. 돼지고기는 금기 음식으로 못 박아 놓은 것은 아닌데, 불결하게 여겨 잘 먹지 않습니다.

소를 왜 신성시하게 되었을까요? 소는 농사에 중요한 일꾼인 데다 우유를 주고 운송 수단도 되어 주지요. 인간에겐 여러모로 쓸모가 많은 동물입니다. 그래서 금기시했다는 분석이 많습니다.

힌두교인들도 불교도처럼 주로 채식을 합니다. 살생이라는 동물학대를 하지 않기 위해서지요. 힌두교에서는 모든 생명체 안에 신성함이 있고 그 때문에 모든 존재를 존중해야 한다고 믿습니다. 함부로 죽이거나 해를 입혀서는 안 된다고 보지요. 이런 시각 역시 불교와 비슷합니다.

할랄 화장품도 있다고?

할랄 산업은 이슬람 율법에 따라 허용된 제품과 서비스를 제공하는 산업을 말합니다. 할랄 산업은 식품, 화장품, 의약품, 의류 등 분야가 다양합니다. 할랄 금융, 할랄 교육도 있고요.

2024년 현재 전 세계 무슬림 인구는 약 20억 명으로, 전 세계 인구의 약 25퍼센트에 해당합니다. 할랄 산업 중 식품 시장은 매년 20퍼센트씩 성장하고 있고, 시장 규모는 2조 달러(한화 약 3조 원)가 넘는다고 하네요.

할랄 산업은 아무래도 무슬림이 많은 나라에서 성장합니다. 말레이시아·인도네시아·싱가포르 등 동남아시아 국가가 대표적이지요. 이 나라들은 식품, 의약품, 관광, 화장품 등 다양한 분야를 육성하고 있고, 더 나아가 세계 할랄 시장도 이끌고 있습니다. 국가 경제에 큰 영향을 미치니 국가 차원에서도 적극 지원하고요.

말레이시아는 이슬람교가 국교이고, 할랄 산업이 가장 발달한 나라다. 세계 최초로 할랄 의약품 표준도 제정했다. 사진은 말레이시아의 관광 명소인 푸트라Putra 모스크. 분홍색 돔이 유명해 '핑크 모스크'로도 불린다.

그중에서도 선두 주자는 말레이시아입니다. 말레이시아는 국교가 이슬람교입니다. 할랄 산업이 발전할 수밖에 없는 나라이긴 합니다. 세계 최초로 할랄 의약품 표준을 제정했을 뿐 아니라 식음료, 관광, 화장품, 물류 분야 등 산업 전반을 할랄 산업으로 육성하고 있습니다. 말레이시아를 세계 할랄 산업의 중심지로 만들려는 것이지요.

그 뒤를 좇는 국가가 인도네시아입니다. 인도네시아는 세계에서 무슬림 인구가 가장 많은 나라입니다. 당연히 할랄 식품 시장 규모가 아주 큽니다. 할랄 식품 인증 시스템도 잘 갖추어 놓았고요.

아랍에미리트는 할랄 관광, 할랄 금융 분야를 집중적으로 육성하고 있습니다. 할랄 관광이란 무슬림 대상의 관광 상품 또는 서비스를 말합니다. 무슬림에게 적합한 음식, 숙소 등이 그 예입니다. 좀 더 구체적으로 보면, 기내에서 술이나 돼지고기는 제공하지 않고 기도 시간을 안내하는 것, 기도실과 남녀로 분리된 수영장 등을 갖춘 숙소 등이지요

할랄 금융은 이슬람 율법을 따르는 금융 상품과 서비스를 말합니다. 이슬람 율법은 금리, 투기 성향의 거래, 주식 투기 등을 금지합니다. 일례로 할랄 주식은 이슬람 율법을 준수하는 기업들의 주식에 투자하는 금융 상품을 말하지요.

사우디는 성지를 둔 나라답게 할랄 관광 산업을 키우는 데 힘쓰고 있습니다. 튀르키예는 유럽과 아시아를 잇는 지리의 이점을 활용해 관광, 식품 산업 등을 육성하고 있고요.

할랄 화장품은 동물 실험을 하지 않고, 식물성 성분이라 피부에 자극적이지 않다.

할랄 시장이 점점 더 커지다 보니 비이슬람 국가들(브라질·미국·캐나다·아르헨티나·프랑스·호주·네덜란드·뉴질랜드·일본·태국)에서도 할랄 산업에 큰 관심을 보이고 있습니다. 할랄 제품은 무슬림이 아닌 사람들에게도 유익하니까요. 할랄 식품만 해도 건강하고 웰빙에 좋은 음식이라는 인식이 퍼져 있습니다. 할랄 화장품은 화학 물질이 아닌 천연 성분으로 만들어 피부에 자극적이지 않고 순합니다. 동물 실험을 하지 않고 동물성 성분도 쓰지 않습니다. 채식주의자(비건), 동물권에 관심 많은 사람이라면 아주 반길 제품이지요.

　한국도 할랄 산업 육성에 힘쓰고 있습니다. 이미 많은 식품이 할랄 인증을 받아 수출되고 있습니다. 햇반·김·김치·마요네즈·당면·

할랄 제품은 건강에 좋아 비이슬람권에서도 인기가 많다. 사진은 비건들에게 인기 많은 팔라펠Falafel

라면·쌀 가공식품(떡볶이 등)·인삼 등이 그런 제품입니다. 국내 화장품 회사들도 할랄 화장품 시장에 진출하려고 준비 중입니다.

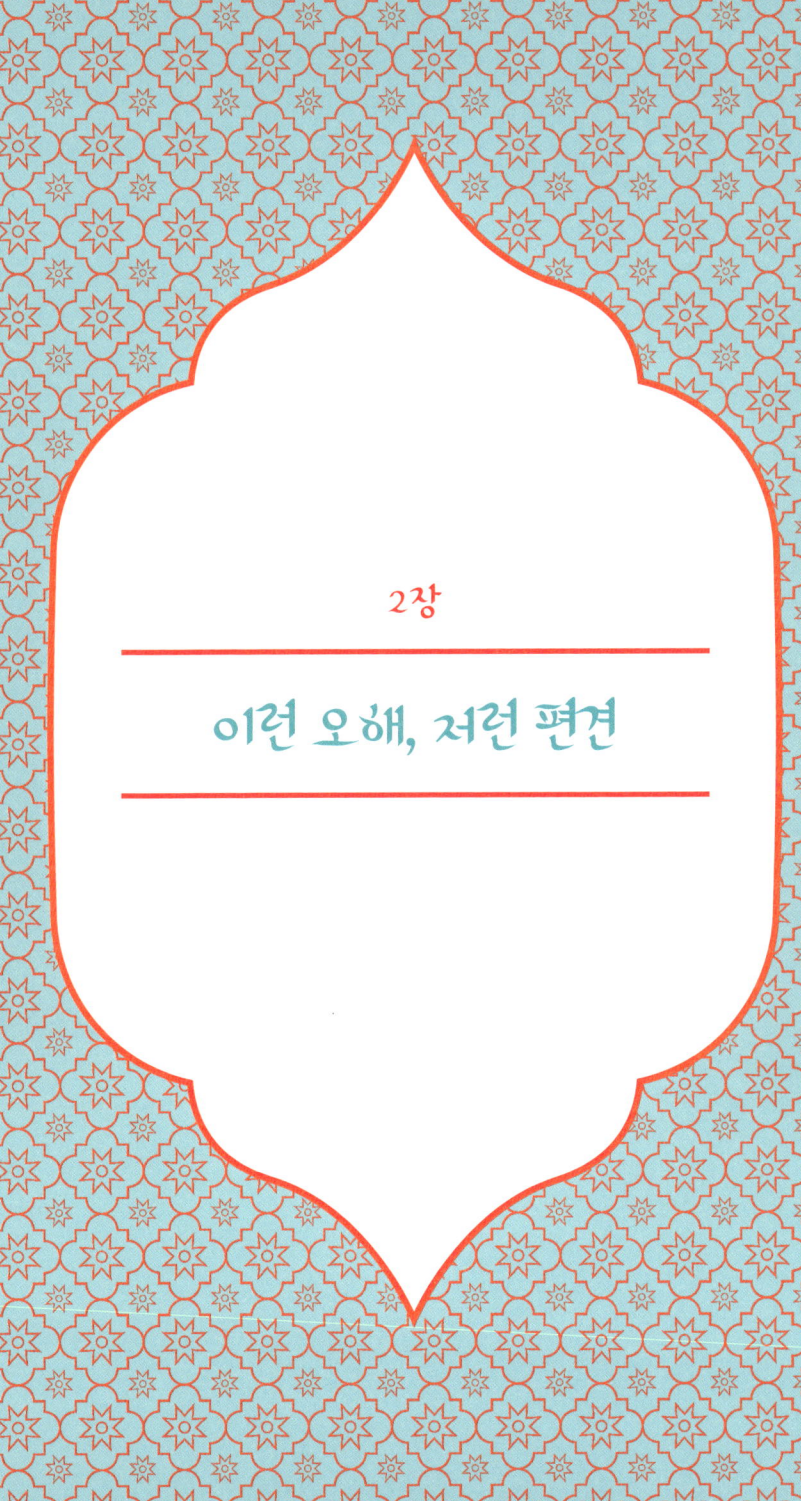

2장

이런 오해, 저런 편견

근본주의와 극단주의

2001년 9월 11일, 전 세계를 충격에 빠뜨린 9·11 테러를 저지른 이들이 누구인지 아시나요? 오사마 빈 라덴Osama bin Laden이 이끄는 이슬람 극단주의 무장 조직 알카에다al-Qaida입니다. 여기서 말하는 이슬람 극단주의란 무엇일까요? 이슬람 근본주의와 비교하면 더 선명해집니다.

이슬람 근본주의와 극단주의는 종종 섞여 쓰이지만, 엄연히 다른 개념입니다.

이슬람 근본주의는 이슬람교가 막 시작되었을 때의 경전과 율법을 문자 그대로 해석하는 것이 특징입니다. 그 해석을 삶 전체에 적용하려고 하고요. 개인의 일상생활에서부터 사회 전체에 이르기까지 이슬람 율법을 엄격하게 적용하려고 합니다. 이를테면 여성의 복장을 규제하고, 음주를 금하는 식이지요. 일부 근본주의자들이 이슬람

9·11 테러를 저지른 이슬람 극단주의 무장 조직 알카에다의 수장 오사마 빈 라덴. 2011년 5월 미국 특수부대가 도피 중이던 빈 라덴을 찾아내 사살했다.

교 외의 다른 종교는 인정하지 않고, 특정 종파가 진정한 이슬람교라고 주장하는 경우가 있습니다. 이 때문에 시아파, 수니파 등 종파 간의 갈등이 벌어지기도 하는 것이지요. 또한 근본주의는 이슬람교와 이슬람 공동체를 다른 것보다 우선시합니다. 서구 문화를 배척하려는 성향도 강해요. 이슬람교의 순수성을 오염시킨다고 생각하기 때문이지요.

이슬람 극단주의는 근본주의에서 더 나아가 이슬람교와 이슬람 공동체 말고는 모두 배척합니다. 테러, 전쟁 등의 폭력을 이용해 자신들의 신념을 관철하려고 한다는 점에서 근본주의와 다릅니다. 극단주의자들은 이슬람교가 전 세계를 정복할 때까지 전시 상황이라고 생각하고, 코란을 제 식대로 해석해 테러를 정당화하기도 하지요. 이들이 말하는 신념이란 무엇일까요? 민주주의, 법치, 개인의 자유, 이슬람교와 다른 종교 등 대부분 서구 사회를 이루는 것들입니다. 즉 극단주의자들은 민주주의를 싫어하고, 개인의 자유를 허용하지 않으며, 이슬람교가 아닌 다른 종교를 받아들이려 하지 않습니다.

극단주의가 싹튼 배경

이들은 왜 서구에 이런 태도를 갖게 되었을까요? 이슬람 역사를 돌아보면, 무슬림들은 오랜 시간 서구를 대변하는 유대교, 기독교와 갈등했을 뿐 아니라 서구 제국주의 국가의 식민지가 되어 박해를 당한 일도 많습니다. 심지어 서구는 지금도 자국의 이해를 위해 이슬람권 문제에 종종 개입하고 있지요. 유럽에서 태어난 무슬림들 중에는 사회에서 차별과 소외를 경험하는 사람도 많고요. 이런 일들이 쌓여 무슬림들은 기본적으로 서구를 탐탁지 않게 바라보게 된 것이지요.

그렇더라도 이슬람 극단주의는 이슬람교를 올바르게 알리는 태도는 아닙니다. 이슬람교를 왜곡해 알리고 있습니다. 그러므로 이슬람 공동체와 국제 사회는 극단주의에서 비롯되는 문제들을 어떻게 해결할지 머리를 맞대야 할 것입니다. 보통의 무슬림들이야말로 그렇게 되길 간절히 바라고 있을 듯합니다. 극단주의자들 때문에 자신들도 테러리스트로 의심과 오해를 자주 받으니까요.

이슬람을 위해 싸운다는 거짓말

이슬람 극단주의 무장 조직은 언제부터 생긴 것일까요?

19세기 후반 유럽 제국주의 국가들은 아프리카와 아시아를 점령하기 시작합니다. 영국이 아프가니스탄을 식민지로 삼으려고 침공한 것도 그 예지요. 영국은 세 차례에 걸쳐 아프가니스탄을 침공했지만 끝내 아프가니스탄을 지배하지는 못합니다. 이후에도 아프가니스탄은 자신들을 지배하려던 소련, 미국 등과 계속 맞서 싸워야 했습니다.

영국은 지금도 끝나지 않은 이스라엘-팔레스타인 분쟁의 씨앗을 뿌린 나라이기도 합니다. 팔레스타인 땅에 유대인들에게는 유대인 국가를, 아랍인들에게는 아랍 국가를 세울 수 있게 하겠다는 상반된 약속을 했기 때문이지요. 영국은 자신들을 도와준 유대인의 손을 들어 줌으로써 아랍인들의 오랜 삶의 터전을 빼앗아 버렸습니다. 또 프랑스는 1830년부터 1962년까지 132년 동안 알제리를 식민지로

19세기 서구 제국주의 국가들은 이슬람 국가들을 침공하고 지배한 적이 많다. 그중 한 곳이 알제리다. 사진은 1961년 4월, 알제리 수도 알제에서 독립을 외치는 알제리인들. 프랑스는 알제리인들을 극심하게 차별했다. 무슬림이라는 점도 차별의 빌미가 되었다. 알제리인들은 1954년부터 62년까지 독립운동을 벌인 끝에 마침내 독립했다.

삼았습니다.

이런 역사적인 배경들 때문에 이슬람 세계는 서구에 반감이 깊습니다. 이슬람 근본주의 세력이 성장했고, 급기야 무장 조직까지 등장하기 시작했지요. 대표적인 무장 조직이 무슬림 형제단, 알카에다, IS, 탈레반입니다. 이외에도 많지만, 이 조직들만 잠깐 살펴볼게요.

무슬림 형제단과 알카에다

먼저, 무슬림 형제단Muslim Brotherhood은 1928년 이집트에서 초등학교 교사로 일하던 하산 알 반나Hassan al-Banna가 조직했습니다. 당시 이집트는 영국의 지배를 받고 있었는데 서구에서 벗어나 이슬람 국가를 세우려는 것이 목적이었죠. 지금도 활동하는 조직입니다.

알카에다는 앞서 말했듯이 9·11 테러를 저질러 전 세계를 충격과 슬픔에 빠뜨린 바로 그 조직입니다. 오사마 빈 라덴이 처음 조직했고 미국, 이스라엘을 주 공격 대상으로 삼고 활동했지요. 미국은 오랜 추적 끝에 2011년 빈 라덴을 사살합니다. 이후 알카에다는 많이 약해졌지만, 여전히 남아 있습니다.

IS와 탈레반

ISIS는 이라크 시리아 이슬람 국가Islamic State of Iraq and Syria의 약자로, 보통 줄여 IS라고 합니다. IS는 2014년 6월, 이라크 북부와 시리아 일부를 점령하고 스스로 국가라고 선포했습니다. 이슬람 극단주의 무장 조직이 국가를 세운 건 처음이라 전 세계가 경악했지요. 물론 국제 사회는 국가로 인정하지 않았습니다.

IS는 무고한 시민들을 대상으로 테러를 많이 저질렀습니다. 2015년 11월 파리 테러를 비롯해 요르단 공군 조종사 살해 사건, 미국·일본 기자 피랍 사건 등 다양한 형태의 테러를 저질렀습니다. 미국을 비롯해 영국·프랑스·이스라엘·요르단·사우디아라비아·아랍에미리트 등 여러 나라가 IS를 무너뜨리기 위해 집중적으로 공격합니다. 결국 IS는 2019년 시리아에서 마지막 영토를 잃고 무너지면서 점조직이 되었죠. 2019년 지도자 아부 바크르 알바그다디도 미군에 사살되었고요. IS 역시 완전히 무너진 것이 아니라서 안심할 수는 없습니다.

탈레반Taliban은 원래 아프가니스탄 남부에 거주하던 파슈툰 부족에서 시작한 반정부군 조직이었습니다. 탈레반은 '학생들'이라는 뜻인데, 이슬람 극단주의자들을 양성하는 신학교 학생들이 반정부군으로 주로 활동하면서 붙여진 이름이죠. 탈레반은 다른 종교를 절대

2015년 11월 13일 금요일. IS는 축구장(스타드 드 프랑스) 밖에서 자살 폭탄 테러를 일으켰고, 극장(바타클랑 극장)의 콘서트 관객들에게 총격을 가했으며, 여러 레스토랑과 카페에서도 총을 난사했다. 이 연쇄 테러로 130명이 사망했다. 프랑스 역사상 가장 치명적인 테러였다. 사진은 테러 희생자들을 추모하는 사람들

허용하지 않습니다. 서구 문화도 배척합니다. 특히 여성을 가혹하게 탄압해 국제 사회의 비난을 받고 있죠.

1992년 탈레반은 아프가니스탄에서 소련이 물러간 후 정권을 잡습니다. 그런데 9·11 테러 주동자인 오사마 빈 라덴을 보호해 주다가 미국의 공격을 받고 정권을 잃지요. 2021년 8월 미국이 아프가니스탄에서 철수한 후 다시 정권을 잡아 현재에 이르고 있습니다. 전 세계는 고민에 빠져 있습니다. 탈레반 정부 때문에 아프가니스탄이 이슬람 극단주의 무장 조직들의 '안전한 피난처'가 될까 봐서이지요. 이미 IS, 알카에다를 포함한 수십 개의 테러 조직의 피난처가 되었다는 보고도 있습니다.

하마스와 헤즈볼라

하마스Hamas와 헤즈볼라Hezbollah도 들어 본 적이 있을 겁니다. 하마스는 팔레스타인 자치 정부에서 활동하는 정당 중 하나이면서 극단주의 무장 조직이기도 합니다. 팔레스타인 땅에서 이스라엘을 몰아내고 이슬람 국가를 세우는 것이 목표였죠. 이스라엘과 전쟁을 벌였지만 2025년 3월 거의 전멸되다시피 했습니다.

헤즈볼라 역시 레바논의 정당 중 하나이면서 극단주의 무장 조직입니다. 레바논 정규군보다 더 강력하다고 하지요. 이렇다 보니 레바논 정부도 함부로 하지 못합니다. 레바논에서 미국과 이스라엘을 몰아내는 데 크게 기여했고, 여전히 두 나라에 대한 공격을 멈추지 않고 있습니다. 이슬람 극단주의 무장 조직 대부분이 수니파인데, 헤즈볼라는 시아파입니다. 시아파가 많이 사는 이란의 지원을 받는 이유이지요. 2023년 하마스가 이스라엘을 공격했을 때 하마스를 지지해 이스라엘의 공격을 받았지요.

이런 이슬람 극단주의 무장 조직은 우리에게도 남의 일이 아닙니다. 2004년에 이라크의 한 회사에서 통역사로 일하던 김선일 씨가 극단주의 무장 조직 중 하나인 '유일신과 성전'에 납치되었다가 살해당했으니까요. 이 무장 조직은 훗날 IS가 됩니다. 2007년에는 아프가니스탄에서 샘물교회 교인들이 탈레반에게 납치당하는 사건도 벌어졌습니다. 교인 일부는 석방되고, 일부는 살해당했지요. 2015년엔 우리나라 학생 '김군'이 IS에 합류한 사건도 있었습니다. 김군은 전투 중 사망했을 것으로 추정됩니다.

이슬람 혐오는 왜 생겼을까

이슬라모포비아Islamophobia 즉, 이슬람 공포증이란 말 들어 본 적 있나요? 이슬람Islam과 공포phobia를 합쳐 만든 단어예요. 이슬람교와 무슬림을 지나치게 무서워하고 급기야 혐오감까지 품는 현상을 말합니다. 이슬람 혐오라고도 하지요. 이슬람 혐오는 단순히 두려움에서 그치지 않고 이슬람 문화와 무슬림에 대한 편견을 강화시켜 차별로 이어질 수 있습니다.

테러가 두렵다!

이슬람 혐오는 왜 생긴 것일까요? 가장 큰 이유는 앞서 소개한 이슬람 극단주의자들이 저지른 테러 때문입니다. 9·11 테러를 비롯해 여

이슬람 혐오는 극단주의자들이 저지른 테러에서 비롯된 경우가 많다. 극단주의자들은 사이비 이슬람교도다. 이슬람은 여느 종교처럼 기본적으로 생명을 소중히 여기기 때문이다. 사진은 테러를 일삼는 무슬림 형제단을 규탄하는 이집트 시민

기저기서 벌어지는 테러로 무고한 사람들이 죽거나 다치는 것을 보면서 자신도 그런 피해자가 될 수 있다고 위기감을 느끼는 거지요. "이슬람은 테러를 일으키는 종교다", "이슬람을 믿는 사람들이 많아지면 반드시 테러가 일어난다", "이슬람은 폭력적인 종교다"는 편견도 머릿속에 새겨지고요.

　하지만 극단주의자들은 '일부'입니다. 더욱이 이들은 실제로는 이슬람 율법을 어기는 경우가 많습니다. 예를 들어 율법에는 '여성 환자가 남성 의사에게 진료받을 때 신체 일부를 노출해도 상관없다'고 돼 있는데 탈레반의 경우 이 내용을 '여성은 의사가 되어서도 안 되

고, 남성 의사에게 진료를 받아서도 안 된다'로 왜곡해 강요합니다. 또 탈레반은 '불의를 보면 참지 말고 적극적으로 저지하라'는 내용을 자기 부족 여성이 다른 부족의 남성과 결혼하는 것을 불의로 여겨 여성을 죽여 버립니다. 이런 죽음을 '명예 살인honor killing*'이라며 정당화하고요. IS의 경우에는 오직 자기네 식의 이슬람만을 따르라고 강요합니다.

이슬람교는 여느 종교처럼 생명을 소중히 여깁니다. 자살도, 타인을 해치는 일도 금지합니다. 이 때문에 이슬람교를 제대로 믿고 따르는 사람들은 일부 극단주의자들의 이슬람교와 반대되는 이런 행태들을 강하게 비판합니다. 이슬람교는 동물을 도살할 때도 최대한 덜 고통스럽게 하려고 하는데 심지어 사람을 죽이는 테러는 이슬람교를 배반하는 행동이라고 성토합니다. 극단주의자들은 이슬람교를 내세운, 진짜인 척하는 사이비인 거지요.

★ 명예 살인

가족·부족·공동체의 명예를 더럽혔다는 이유로 조직 내 구성원을 다른 사람이 살해하는 행위를 말한다. 남성이 피해자가 될 때도 있지만 대부분 피해자는 여성이다. 종교나 사회 규범을 어겼을 때, 가족 결정에 따르지 않았을 때, 가족 명예를 떨어뜨렸을 때(결혼, 혼전 성관계, 이혼, 재혼 등) 주로 살해당한다. 2007년 인도에서 일어난 '마노즈-바블리 명예 살인'이 대표적인 명예 살인 사건이다. 두 사람은 가족들의 반대를 무릅쓰고 결혼했다가 가족들에게 납치돼 살해당했다. 인도 법원은 이 사건에 유죄 판결을 내렸다. 명예 살인의 심각성을 세상에 알린 사건이다. 국제 사회는 명예 살인을 강하게 비판하고 있지만, 전 세계에서 매년 최대 5천 명이 명예 살인을 당하는 것으로 추정된다.

누군 쓰고 누군 벗는 히잡

히잡Hijab을 우리말로 옮기면 '머리 가리개'입니다. 머리카락을 남에게 보이지 않으려고 쓰는 것을 말합니다. 즉 히잡은 머리를 가리는 모든 것을 통칭하는 말이에요. 보통 사춘기 이후부터 착용합니다. 이란은 9세부터(보통 초등학교에 입학하면서부터) 착용하는 것이 의무이지만요.

히잡은 종류가 다양합니다. 보통 히잡 하면 스카프처럼 생긴 천을 각자의 스타일에 맞춰 두른 머리 가리개를 말합니다. 아미라Amira는 히잡보다 조금 더 머리에 밀착되어 있습니다. 그러면 좀 더 편하게 일상생활을 할 수 있겠죠. 샤일라Shayla는 히잡보다 조금 더 느슨합니다. 흘러내리는 형태라 멋스럽습니다. 이란 여성들은 주로 샤일라를 씁니다. 키마르Khimar는 상체까지 덮는 히잡을 말해요. 머리부터 어깨, 가슴까지 덮는 넉넉한 길이의 덮개죠. 차도르Chador는 얼굴 외

| 히잡 | 아미라 | 샤일라 | 키마르 | 차도르 | 니캅 | 부르카 |

다양한 히잡

의 전신을 가립니다. 드러난 얼굴 중 눈만 보이게 한 것이 니캅Niqab
이고, 눈마저 망사로 가린 것이 부르카Burqa입니다.

나는 무슬림이다

무슬림 여성은 왜 히잡을 쓰게 되었을까요? 먼저 코란에 '여성은 순
결을 지키고 항상 정숙해야 한다'는 내용이 있어서입니다. 정숙해야
한다는 건 주로 성적 매력을 드러내지 말아야 한다는 의미이기 때문
에 주로 머리와 가슴 등을 가리는 것이지요. 무슬림 여성들은 처음
만난 남성과는 악수도 하지 않는데, 종교적인 이유로 남성과 신체
접촉을 꺼리기 때문입니다.

코란에 이런 내용이 기록된 것은 자연환경과도 관련 있다고 해요.

앞에서 설명했듯이 이슬람교는 중동에서 시작돼 뻗어 나갔습니다. 중동의 뜨거운 태양과 모래바람 등으로부터 몸을 보호하기 위해 몸을 가렸고, 다른 유목민들이 여성들을 약탈하지 못하게 하려고 몸을 가리게 했다고 하지요.

히잡을 쓰는 또 다른 이유는 무슬림으로서 정체성과 소속감을 나타내기 위해서입니다. 무슬림 공동체의 일원임을 드러내고, 이슬람 문화의 전통을 이어 가려는 의지를 보여 주는 것이지요.

쓰고 싶어서 쓰기도

그저 개인이 쓰고 싶어서 쓰기도 합니다. 이란, 아프가니스탄처럼 히잡 착용을 강요하는 나라도 있지만 그렇지 않은 나라에서는 여성들 각자가 쓸지 말지를 선택하는 것이지요. 히잡이 여성으로서 자신을 억압하거나 자신의 권리를 침해하거나 사회에서 차별받는 원인이 될 수 있다고 생각하는 여성들은 착용하지 않기도 합니다. 국제 인권 운동 단체인 국제앰네스티에서는 히잡 강요는 여성의 표현의 자유, 종교의 자유, 그리고 인간의 존엄성을 침해한다고 주장하기도 했지요.

기억해야 할 것은 여성 인권 문제는 비단 중동, 이슬람교만의 문제가 아니란 사실입니다. 세계 곳곳에서 여성 인권을 침해하는 일이 많이 벌어지고 있으니까요. 그러므로 우리가 생각해야 할 것은 '역시 이슬람 세계는 문제가 있어. 이슬람 세계의 여성은 불쌍해'가 아니라, '지구상의 모든 여성이 행복하게 살려면 어떤 노력을 해야 할까?' 같은 질문일 것입니다.

프랑스는 왜 히잡을 금지했을까

유럽에도 무슬림이 많이 살고 있습니다. 유럽인들과 잘 어우러져 살면 좋겠지만, 무슬림이라는 정체성을 지키려다 갈등을 빚기도 합니다. 대표적인 갈등 원인이 히잡 착용입니다. 2025년 6월 현재 프랑스·오스트리아·벨기에·덴마크·불가리아·튀니지·타지키스탄·카메룬·차드·콩고공화국·가봉·네덜란드·중국*(신장 위구르 자치구)·모로코·스리랑카·스위스 16개국에서는 히잡의 일종인 부르카나 니캅 착용을 금지합니다.

왜 히잡을 꼭 집어 못 쓰게 하는 것일까요? 가장 큰 이유는 이슬

★ 중국

중국에도 무슬림 인구가 많다. 위구르족과 회족이 대표적인 무슬림이다. 위구르족은 신장 위구르 자치구에 주로 살고 있고, 회족은 중국 전역에 살고 있다. 중국에서 무슬림은 전체 인구의 약 2퍼센트이다. 중국 정부에서 공식적으로 인정한 55개 소수 민족 중 10개가 이슬람교를 믿는다.

람 극단주의자들이 벌인 테러 때문입니다. 유럽에서 연이어 테러가 일어나면서 치안에 예민해진 것이죠. 앞서 설명했듯이 부르카는 전신을 가린 히잡이고, 니캅은 눈만 보이는 히잡입니다. 이런 복장을 하고 다니면 이 사람이 누구인지 파악하기 어렵다는 것입니다.

차별이 아니라 특혜?

히잡을 못 쓰게 하는 또 다른 이유는 히잡은 현대 국가의 원칙 중 하나인 정교 분리에 어긋나기 때문입니다. 정교 분리政敎 分離란 정치와 종교는 분리되어 있다는 원칙입니다. 국가는 특정 종교를 지지하거나 억압해서는 안 되고, 모든 종교를 동등하게 대해야 하며, 종교인과 비종교인 또한 동등하게 대해야 한다는 것입니다.

프랑스처럼 정교 분리가 헌법에 명시된 나라가 꽤 많습니다. 그런데 히잡 착용을 허용하면 이슬람교만 우대하는 것이 되어 버린다는 것이지요. 사회 통합에 좋을 리 없다고 판단한 것입니다. 프랑스는 2004년부터 공립학교에서 히잡을 포함한 모든 종교 상징물 착용을 금지했고, 2010년부터는 공공장소에서 부르카·니캅 착용을 금지했습니다. 착용할 경우 벌금을 내야 합니다. 2022년부터는 해변이나 수영장 같은 공공장소에서 부르키니(Burkini, 무슬림 여성을 위한 수영복) 착용도 금지했습니다.

히잡을 착용할지 말지에 관해선 여전히 의견이 갈린다. 사진은 부르키니를 입은 무슬림 여성

네덜란드, 독일 등 다른 유럽 국가들은 프랑스보다는 관대한 편입니다. 다만 최근 극우 정당과 단체가 성장하면서 이슬람과 무슬림 여성, 나아가 히잡 착용 문제에도 부정적인 시각을 더하고 있다는 점은 주시해야 할 듯합니다. 네덜란드의 경우 2016년부터 히잡 착용을 금지해야 한다는 목소리가 꾸준히 이어지고 있고, 독일도 어떤 주는 부르카와 니캅 착용을 금지하고 있습니다. 헝가리, 세르비아 역시 어떤 지역은 부르카 착용을 금지합니다.

2023년 11월 29일 유럽 사법재판소(Court of Justice of the European Union, 유럽연합에서 최고 법원 역할을 하는 곳)도 이런 흐름에 힘을 실어 주었습니다. 정부 기관, 공공 기관에서 히잡과 같은 종교 상징물 착용을 금지한 유럽 국가들의 법안이 적법하다고 판결했거든요.

히잡을 착용하지 못하게 하자 무슬림들은 당연히 반발했습니다. 히잡을 쓸지 말지는 개인이 선택할 권리인데 이 권리를 침해한 것인데다 여성이 착용하는 히잡만 콕 집어 금지함으로써 여성을 차별하고 억압한 것이라고 항변합니다. 히잡 금지가 여성의 옷차림을 통제하는 가부장제 행태라고 비판하는 목소리도 있습니다. 가부장제는 가정이나 사회에서 남성이 권력을 쥐고 가정이나 사회를 통제하는 것을 말해요. 쉽게 말하면, 남성이 여성을 지배하는 것을 말합니다.

부르카를 강요하는 나라는?

히잡을 못 쓰게 하는 국가가 있는가 하면, 히잡을 강제로 쓰게 하는 국가들도 있습니다. 바로 이란과 아프가니스탄입니다.

이란은 1979년 이슬람 혁명 이후 히잡 착용을 의무화했습니다. 이슬람 혁명이란 왕조를 무너뜨리고 이슬람 공화국을 세운 것을 말해요. 왕이 아니라 이슬람 최고위 성직자(라흐바르Rahbar라고 함. 페르시아어고 '지도자'란 뜻)가 나라의 지도자를 겸하게 된 거죠. 성직자가 통치자(대통령은 따로 있음)니 이슬람 율법을 철저히 따르게 한 것입니다.

2021년 아프가니스탄에서 미국이 철수한 후 탈레반이 아프가니스탄을 다시 장악*합니다. 앞에서 설명했듯이 탈레반은 이슬람 극단주의 무장 조직입니다. 여성을 가혹하게 억압하는 것이 특징이죠. 오죽하면 2023년 유엔이 아프가니스탄을 '세계에서 여성을 가장 억압

'세계에서 여성을 가장 억압하는 나라', 아프가니스탄. 2024년 9월 25일 아프가니스탄 헤라트 거리를 걷는 부르카를 입은 여성

하는 나라'로 규정했겠습니까.

　탈레반이 집권한 후 여성들 삶은 어떻게 달라졌을까요? 여성들은 남성 보호자(남편이나 형제, 삼촌, 아버지 등 친족 남성) 없이는 72킬로미터 이상의 장거리 여행을 할 수 없습니다. 그냥 집 안에만 있으라는 경고죠. 잠깐 외출할 때도 여성들은 반드시 부르카를 착용해야 합니다. 여성 몸은 남성을 자극하는 나쁜 것이니, 몸이 조금도 보여서는 안 된다는 겁니다. 심지어 여성들은 밖에 나가면 목소리도 내지 말아야 합니다. 집에 있을 때도 목소리가 집 밖으로 새어 나가면 안 되고요.

　그뿐인가요. 12세 이상의 여성은 학교에 갈 수 없습니다. 중고등학교, 대학교에 진학할 수도 없는 거지요. 외국으로 유학도 못 갑니다. 탈레반은 미용실을 없앴고 여성들은 공원, 체육관, 스포츠 클럽 등에도 출입할 수 없게 했습니다.

　아프가니스탄 여성들은 최소한의 인권도 누리지 못하고 있습니다. 성범죄를 당하는 여성도 급증해 해마다 자살하는 여성이 늘고 있습니다. 물론 한쪽에서는 이런 사회를 바꾸려 계속 목소리를 내는 여성들도 있습니다.

★ 1978년 아프가니스탄에 소련과 친한 친소 정부가 들어선다. 이 정권에 반대하는 이들이 반정부군을 조직해 정부와 소련에 맞서 싸웠다. 1991년 소련이 해체되자 친소 정부도 무너졌다. 과도 정부를 거쳐 1996년 탈레반이 정권을 잡았다. 그런데 9·11 테러를 저지른 알카에다 수장 오사마 빈 라덴을 숨겨 주는 바람에 미국의 침공을 받는다. 2001년 미국이 탈레반을 쫓아내고 미국과 친한 친미 정부를 세운다. 탈레반의 집요한 공격에 2021년 미국은 아프가니스탄에서 떠난다. 탈레반이 20년 만에 다시 정권을 잡았다.

'히잡 시위'는 왜 일어났을까

이란 여성들도 가만히 있지만은 않았습니다. 2022년 9월에 일어난 '히잡 시위'가 그 예이지요. 이 시위는 20대 여성 마흐사 아미니Mahsa Amini가 테헤란 지하철에서 나오다가 히잡을 대충 착용했다는 이유로 종교경찰*에게 연행되었다가 죽은 사건에서 시작되었습니다.

아미니는 9월 13일에 구금되었는데 9월 16일에 의문의 죽음을 맞습니다. 경찰은 심장마비로 죽었다고 했지만, 진료 기록을 본 의사들이 구타당해 숨졌을 가능성을 제기하면서 이란 여성들이 분노했습니다. 여성들은 히잡을 왜 꼭 착용해야 하냐며 항의하기 시작했습니다. 히잡을 벗어 불태우고 머리를 잘라 버리기도 했지요.

★ 종교경찰
　사람들이 이슬람 율법을 잘 지키는지 감시하는 경찰이다. 히잡 착용, 음주 여부 등을 단속한다. 이란의 종교경찰은 특히 히잡 착용 여부를 감시한다.

이란의 '히잡 시위'는 반정부 시위로 확산되었다. 또한 전 세계 여성들이 연대하게 했다. 사진은 2022년 9월 튀르키예의 이란 영사관 밖에서 한 여성이 항의 표시로 자신의 머리 카락을 잘라 들어 올리는 모습 여성들은 히잡 착용 문제를 시작으로 그동안 자신들이 남성들에 비해 불평등한 대우를 받은 것에 대해서도 항의합니다. 남성들뿐 아니라 다양한 계층, 연령대의 사람들이 시위에 동참하면서 반정부 시위로 확산됩니다. "라흐바르는 '독재자'"라는 구호도 나왔지요. 이란 정부의 억압적인 통치에 다들 불만이 있었던 겁니다. 이란 시민들은 히잡 착용 거부를 넘어 민주주의를 요구했습니다.

이란 정부는 강경하게 진압합니다. 시위대를 향해 실탄까지 쏘지요. 인권 단체들에 따르면, 500여 명이 숨졌다고 합니다. 2023년에는 10대 여성 아르미타 게라반드Armita Geravand가 종교경찰에 또 죽습니다. 테헤란에서 히잡을 쓰지 않고 지하철을 탔다가 종교경찰에게 폭행을 당한 거죠. 게라반드는 혼수상태에 빠졌다가 끝내 숨집니다.

2025년 6월 현재까지도 이란 정부와 여성들 간의 히잡을 둘러싼 갈등은 계속되고 있습니다. 정부는 '히잡 시위' 참여자들에게 사형을 선고하는 등 강경하게 대응하고 있고요. 20대 남성 모센 셰카리를 처음 교수형에 처하고, 나흘 뒤 20대 남성 마지드레자 라흐나바드를 공개 처형해 전 세계를 경악하게 했습니다. 이후에도 많은 사람이 사형을 선고받았습니다. 국제 사회는 이런 이란 정부를 강하게 비판하고 있지만, 이란 정부는 별다른 반응을 보이지 않고 있습니다.

이슬람교 vs 기독교 전쟁

이슬람교와 기독교는 왜 갈등하게 되었을까요? 가장 큰 이유는 기독교는 삼위일체(하나님, 예수, 성령)를 믿는데, 이슬람교는 하나님만 믿기 때문입니다. 삼위일체 교리를 인정하지 않는 것이지요. 기독교는 삼위일체를 믿기 때문에 예수를 하나님의 아들로 여기는데, 이슬람교에서는 예수를 여러 예언자 중 하나로 여길 뿐이지요. 무함마드를 마지막 예언자로 여기고요. 기독교인들로서는 자신들이 신성을 부여한 존재를 예언자 중 하나로 여기니 달가울 리가 없는 겁니다.

십자군 전쟁

두 종교의 갈등은 전쟁으로 드러나기도 했습니다. 대표적인 것이 십자군 전쟁이지요. 십자군 전쟁은 1095년부터 1291년까지 약 200년 간 프랑스·영국·신성 로마 제국 등의 유럽 기독교 국가들이 기독교 성지인 예루살렘을 탈환하기 위해 이슬람 국가들과 벌인 전쟁입니다.

막 십자군 전쟁이 일어났을 때 예루살렘은 누가 지배하고 있었을 까요? 이슬람 왕국인 파티마Fatimid 제국입니다. 파티마 제국은 1099 년 십자군에 예루살렘을 빼앗깁니다. 십자군은 예루살렘 왕국을 세 우지요. 이후 십자군과 이슬람 세력은 예루살렘을 빼앗았다 빼앗겼 다를 반복합니다. 마침내 이슬람 왕국인 아이유브Ayyubid 왕조가 십 자군은 물리친 후 예루살렘을 차지하지요. 이후 예루살렘은 13세기 부터는 몽골 제국, 16세기 이후에는 오스만 제국의 지배 아래 있게 됩니다.

레콩키스타

십자군 전쟁 이후에도 이슬람 세력과 기독교 세력은 세력 확장을 놓 고 부딪칩니다. 레콩키스타Reconquista도 그중 하나입니다. 레콩키스 타는 스페인어인데 '재정복'이란 뜻입니다. 기독교 왕국들이 이슬람 세력이 차지한 땅을 다시 정복하기 위해 이베리아반도에서 벌인 운 동을 말합니다. 8세기부터 15세기까지 약 7세기 동안 계속되지요. 결국 기독교 세력은 이슬람 세력을 완전히 몰아냅니다. 이후 이베리

200년간 지속된 십자군 전쟁은 이슬람교와 기독교의 갈등으로 벌어진 대표적인 전쟁이
다. 그림은 십자군 전쟁에 마침표를 찍은 아크레Acre 공성전을 묘사한 것. 화가는 루이 도
미니크 파페티Louis-Dominique Papety

아반도는 기독교 세력이 지배하다 스페인이란 나라가 들어섭니다.

15세기 이후에는 오스만 제국과 기독교 세력이 다툼을 이어 갔습니다. 오스만 제국은 13세기 말부터 1차 대전이 끝난 직후인 1922년까지 있었던 이슬람 제국입니다. 현재의 튀르키예가 그 뒤를 이은 나라지요. 발칸 반도, 아나톨리아 반도를 중심으로 동남유럽, 서아시아, 북아프리카 세 대륙에 걸쳐 있던 거대한 나라였습니다. 오스만 제국도 기독교 세력과 젠타Zenta 전투, 레판토Lepanto 해전, 오스만-베네치아 전쟁 등 여러 전쟁을 벌였습니다.

젠타 전투는 오스만 제국과 합스부르크 간에 벌어진 싸움으로, 오스만 제국이 패했습니다. 레판토 해전은 오스만 제국과 베네치아 공화국·스페인·교황청 등 기독교 세력 간의 해상 전투로, 오스만 제국이 패했습니다. 오스만-베네치아 전쟁은 오스만 제국과 베네치아 공화국이 키프로스를 놓고 싸운 전쟁입니다.

이후로도 이슬람 세력과 기독교 세력의 갈등은 계속되고 있습니다. 20세기 들어서 가장 크게 표출된 것이 이스라엘-팔레스타인 분쟁입니다.

이스라엘-팔레스타인 분쟁은 왜 시작되었을까

오스만 제국은 이슬람 제국 중 가장 넓은 영토를 지배하고, 가장 오래 지속된 나라였습니다. 1차 대전 때 패전국이 되면서 600년이라는 긴 역사의 막을 내립니다. 1차 대전은 동맹국(독일·오스트리아·헝가리·불가리아 왕국·오스만 제국)과 연합국(영국·프랑스·러시아·세르비아 등)이 대결해 동맹국이 패한 전쟁이죠. 패전국 오스만 제국의 영토는 연합국이 나누어 통치했습니다. 오스만 제국 땅 중 팔레스타인은 영국이 맡았지요.

영국의 거짓말

영국은 아랍인들에게는 아랍 국가를 세워 주겠다고 하고, 유대인들에게는 유대인 국가를 세워 주겠다고 합니다. 정반대의 약속을 해 버린 거지요. 여기서 분쟁이 싹틉니다. 당시 팔레스타인 땅에는 아랍인이 더 많았습니다. 그런데도 아랍인과 유대인은 별문제 없이 잘 살았습니다.

영국이 유대인들에게 약속한 내용을 알게 된 아랍인들은 크게 반발합니다. 하지만 영국을 비롯한 연합국은 유대인들의 손을 들어 주지요. 유대인들이 자신들이 1차 대전에서 승리할 수 있게 많은 도움을 주었기 때문입니다. 로스차일드 가문 등의 유대인들은 전쟁 자금을 댔을 뿐 아니라 폭탄 제조 기술 등도 알려 주었다고 합니다.

이후 아랍인들은 팔레스타인에서 강제로 추방되고, 독립 국가 건국 소식을 들은 유대인들은 팔레스타인으로 몰려들기 시작합니다. 팔레스타인에는 혼란과 긴장감이 소용돌이쳤습니다. 마침내 아랍인과 유대인의 갈등이 폭력 사태로 드러납니다.

2개의 국가를 세워 공존하자

2차 대전 후인 1947년 유엔은 분쟁을 해결하기 위해 '팔레스타인 분할안'을 내놓습니다. 팔레스타인 지역을 유대인 국가와 아랍인 국가로 나누자는 거죠. 두 종교의 교집합인 예루살렘은 공동 통치 지역으로 남겨 두고요. 이스라엘은 환호하며 1948년 5월 14일 영국이 떠

(왼쪽부터) 야세르 아라파트Yasser Arafat 팔레스타인해방기구 의장, 페레스 이스라엘 외무
장관, 라빈 이스라엘 총리. 이스라엘, 팔레스타인이 국가 대 국가로 공존할 계기를 마련한
공을 인정받아 노벨평화상을 함께 받았다. 하지만 이 평화는 오래가지 못했다.

나자마자 바로 '이스라엘'이라는 지금의 나라를 세웁니다. 반면 오랜
삶의 터전을 하루아침에 빼앗긴 아랍인들은 반발했지요.

이런 입장 차이에서 비롯된 갈등은 4차례의 중동 전쟁으로 이어집
니다. 아랍 국가들과 이스라엘은 1948년 5월 1차 중동 전쟁을 시작
으로 1973년 10월 4차 중동 전쟁까지 4번의 전쟁을 벌입니다.

전쟁 결과는 어땠을까요? 4번 모두 이스라엘이 이깁니다. 그 바람
에 이스라엘 영토만 더 넓어졌지요. 1991년 소련이 붕괴합니다. 강대
국 미국만 남게 되죠. 미국 빌 클린턴Bill Clinton(제42대) 대통령은 이
스라엘·팔레스타인 분쟁을 해결하기 위해 적극적으로 나섭니다. 그
결과물이 1993년에 맺은 오슬로 협정Oslo Accords입니다. 이스라엘과

팔레스타인이 주권 국가로 독립해 '국가 대 국가'로 공존하자는 것이 핵심 내용입니다. 여기서 국경은 3차 중동 전쟁이 일어나기 전입니다. 이스라엘은 서안 지구, 가자 지구 등을 돌려줘야 하는 거지요.

팔레스타인, 이스라엘 모두 찬성했습니다. 협상을 성공으로 이끈 공로를 인정받아 당시 협상 당사자들(이스라엘 총리 이츠하크 라빈, 외무장관 시몬 페레스, 팔레스타인해방기구 의장 야세르 아라파트)은 이듬해인 1994년에 노벨평화상까지 받습니다.

이스라엘 뒤의 미국

하지만 평화는 오래가지 못했습니다. 이스라엘, 팔레스타인 모두에서 강경파가 권력을 잡았기 때문이지요. 이스라엘에서는 베냐민 네타냐후Benjamin Netanyahu가, 팔레스타인에서는 여러 정당 중 강경파인 하마스가 권력을 줍니다. 네타냐후는 팔레스타인 땅에서 팔레스타인 사람을 모두 축출하고 싶어 하고, 하마스 역시 이스라엘 사람을 모두 축출하고 싶어 하지요. 강 대 강이 맞섭니다. 그동안 애써 합의한 것들은 모두 힘을 잃고 분쟁만 남게 되었습니다. 이런 상황에서 미국 대통령마저 도널드 트럼프Donald Trump(제45대)가 됩니다. 트럼프는 노골적으로 이스라엘을 편들어 주었지요.

이스라엘과 팔레스타인의 무력 충돌은 계속되었습니다. 2023년 하마스가 전멸되다시피 했는데도 이스라엘의 가자 지구 공격은 계속되고 있다.
2025년 6월 17일 이스라엘은 구호품을 받으러 가는 가자 지구 사람들을 사살했다.
사진은 가족의 죽음에 슬퍼하는 사람들

이스라엘이 팔레스타인을 계속 공격할 수 있는 건 미국이 뒤에 있기 때문이다. 사진은 2025년 2월 4일 백악관에서 만난 트럼프 미국 대통령(오른쪽)과 네타냐후 이스라엘 총리

10월 하마스가 이스라엘을 공격하면서 이스라엘-하마스 전쟁으로 이어졌고요. 이 전쟁의 승자 역시 이스라엘입니다. 많은 팔레스타인 사람이 죽고, 하마스는 전멸되다시피 했으니까요.

그런데도 이스라엘은 가자 지구를 계속 공격하고 있습니다. 2025년 6월 현재에도 그렇습니다. 공동 통치 지역이었던 예루살렘도 실제로는 이스라엘 손에 들어가 있습니다. 이스라엘로서는 가자 지구가 자신들의 입지를 위협하는 존재로 남아 있는 셈입니다. 네타냐후는 국제 사회의 비난과 비판에도 아랑곳하지 않고 온갖 구실을 들어 가자 지구에 대한 공격을 멈추지 않고 있습니다. 다시 대통령이 된 트럼프(제47대)가 든든한 지원자가 되어 주고 있기 때문이지요.

주변 아랍 국가들은 이스라엘-팔레스타인 분쟁에 끼어드는 것에 신중한 태도를 보이고 있습니다. 자국의 이해를 계산해서지요. 설령 그렇더라도 이스라엘에 대한 아랍 국가들의 해묵은 증오심은 쉽게 사라지지 않을 것입니다. 사우디아라비아·아랍에미리트·요르단 등은 현재 이스라엘과 대체로 우호적인 관계를 유지하고 있지만, 외교 이익을 위해서일 뿐이지 이스라엘을 지지해서는 아닐 것입니다.

무슬림이라서 차별한다면?

유럽 대부분 국가에서는 무슬림이라는 이유로 차별하면 법적으로 처벌합니다. 유럽연합EU* 자체로 차별금지법이 있고, 이를 바탕으로 유럽연합은 각 회원국이 나라 실정에 맞게 다시 차별금지법을 제정하도록 권고하고 있습니다.

차별금지법은 개별적 차별금지법과 포괄적 차별금지법으로 나뉩니다. 개별적 차별금지법은 말 그대로 '장애인 차별금지법'처럼 특정

★ 유럽연합

유럽에 위치한 27개국이 참여하는 정치, 경제 연합이다. 27개국은 독일·프랑스·이탈리아·네덜란드·벨기에·룩셈부르크·아일랜드·덴마크·그리스·스페인·포르투갈·스웨덴·핀란드·오스트리아·헝가리·폴란드·체코·슬로베니아·에스토니아·라트비아·리투아니아·슬로바키아·키프로스·몰타·불가리아·루마니아·크로아티아이다. 유럽연합은 경제 통합을 넘어 정치, 사회 통합까지 이루어 유럽의 평화를 유지하는 것이 목표다. 유럽연합에는 유럽 이사회, 유럽 의회, 유럽 집행위원회, 유럽 사법재판소 등의 기구가 있다. 영국은 2020년에 탈퇴했다.

한 이유를 들어 차별하는 것을 금지하는 것을 말합니다. 반면 포괄적 차별금지법은 정치·경제·사회·문화 등 모든 영역에서 모든 형태의 차별을 금지하는 법입니다. 성적 지향·성별·장애 여부·인종·출신국가·피부색·언어·종교·사상·정치적 의견·학력·사회적 신분 등 모든 영역에서 합리적인 이유 없이 차별하는 것을 금지하는 법을 말합니다. 영국·독일·벨기에·프랑스·스페인을 비롯한 많은 회원국이 개별적/포괄적 차별금지법을 제정했습니다.

영국은 2010년에 포괄적 차별금지법을 제정합니다. 법 이름이 '평등법Equality Act 2010'입니다. 영국은 1960년대부터 인종 차별, 성차별, 장애인 차별 등을 금지하는 개별적 차별금지법을 마련했습니다. 2010년에 이 법들을 통합한 것이 평등법입니다. 나이·장애 여부·성전환 여부·인종·종교나 신념·성별·성적 지향뿐만 아니라 배우자 유무·임신 여부 등 다양한 이유로 차별하는 것을 금지합니다.

독일에도 포괄적 차별금지법이 있습니다. 이름이 일반적 평등 대우법AGG, Allgemeine Gleichbehandlungsgesetz입니다. 이 법은 2006년에 제정되었고, 인종·종교·장애 여부·나이·성별·성적 지향·출신 국가 등 다양한 이유로 차별하는 것을 금지하고, 모든 사람이 평등한 대우를 받을 수 있게 보장합니다. 이 법을 위반하면 형사 처벌을 받을 수 있습니다. 형사법상 혐오 범죄Hate Crime를 저지른 것이 되어 징역형이나 벌금형을 선고받을 수 있습니다. 벨기에도 2000년에 포괄적 차별금지법인 일반 차별 금지법General Act on Discrimination을 제정했습니다.

한국에서는 아직 포괄적 차별금지법이 제정되지 못했습니다. 2007년 이래 여러 차례 법안이 발의되었지만, 사회적 합의가 필요하다는 주장과 보수 기독교계의 반발 등으로 인해 제대로 논의되지 못하고 있습니다. 한국에서도 '혐오 범죄'가 늘고 있습니다. 포괄적 차별금지법이 이런 범죄를 막는 첫걸음이 될 수 있지 않을까요.

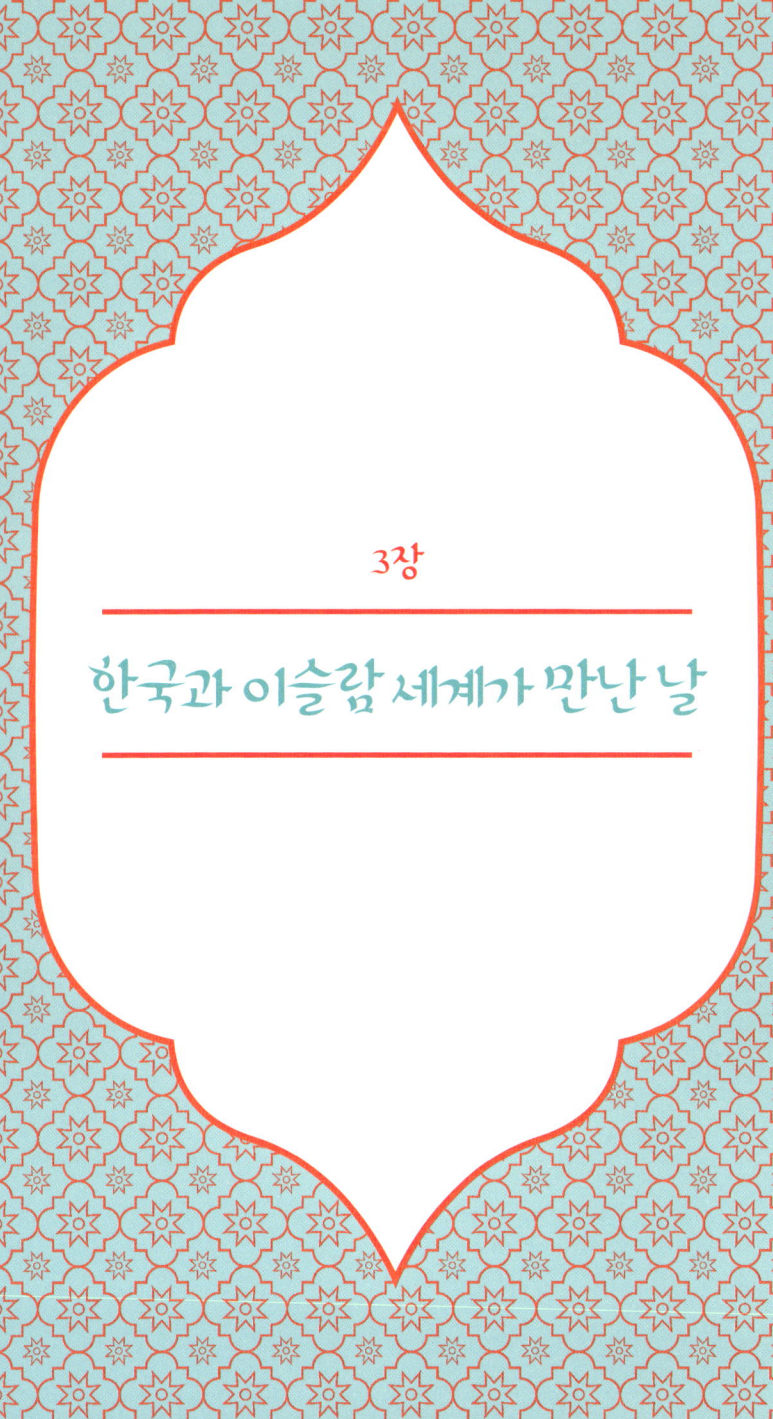

3장

한국과 이슬람 세계가 만난 날

석유의 땅, 중동

석유수출국기구OPEC는 1970년대에 두 번에 걸쳐 석유 파동을 일으켰습니다. 석유를 팔지 않거나 높은 가격에 판 거죠. 1차 석유 파동은 1973년에 일어났는데, 중동 전쟁이 원인이었습니다. 당시 아랍 국가들과 이스라엘이 전쟁(제4차 중동 전쟁) 중이었는데, 이스라엘을 지원하는 서구에 보복하기 위해 석유 수출을 멈추고 가격도 올려 버렸죠.

2차 석유 파동은 1978년에 이란 혁명 때문에 일어납니다. 이때는 순수하게 석유 생산이 부족해서 일어났어요. 이란도 손꼽히는 산유국이었는데 혁명이 일어나면서 나라가 어수선해져 석유를 덜 생산하게 된 거죠. 이런 상황에서 사우디까지 석유 생산을 줄이는 바람에 석유 가격이 크게 올랐습니다.

석유 파동에 세계 경제가 휘청였습니다. 세계는 석유수출국기구의

1979년 한 주유소로 몰려와 석유를 기다리는 사람들.
석유 파동은 한국 경제 성장에도 큰 타격을 입혔다.

힘을 새삼 깨닫게 되었지요. 당시 한국도 무척 힘든 시기를 보내야 했습니다. 석유를 써야 제품을 만들어 낼 수 있는데 석유를 구하기도 어렵고 사려면 너무 비싸니 경제가 타격을 입을 수밖에 없었던 거지요.

1960년대 한국은 경공업 제품을 수출해 돈을 벌었습니다. 경공업은 제품 용적에 비해 무게가 상대적으로 가벼운 제품을 생산하는 공업을 말하는데요, 의류가 대표적입니다. 1960년대 한국의 주요 수출품은 섬유·의류·가발·합판·신발 등이었지요.

반면 중공업은 기계·철강·조선·자동차 등 부피에 비해 무게가 많이 나가는 제품을 생산하는 공업을 말합니다. 한국은 1970년대부터 본격적으로 중공업을 발전시켰습니다. 중공업 분야에서 손꼽히는 기업인 현대중공업과 포스코가 이 시기에 문을 열었지요. 한국은 60년대 경공업에서 70년대 중공업으로 주력 산업 분야를 바꿉니다.

경공업, 중공업을 돌아가게 하는 주 에너지원이 석유입니다. 한국은 60년대부터 중동에서 석유를 수입하기 시작했어요. 70년대에는 중동으로 한국 사람들이 많이 일하러 가면서 중동과 한국 사이가 더 좋아졌습니다. 1980년대에는 중동 국가들과 경제적으로 더 협력하게 되었고요.

한국은 1962년에 석유수출국기구 회원국 중 사우디와 가장 먼저 외교 관계를 맺었습니다. 그다음으로 맺은 나라가 이란이고요. 한국은 석유수출국기구 회원국들과 관계를 잘 맺어 가는 한편 석유 의

고종은 전등을 도입하는 등 지금으로 치면 얼리어답터였다. 석유를 처음 사용한 것도 고종 때다. 주로 등잔 연료로 썼다고 한다.

존도를 낮출 방법도 찾아나섰지요. 국내 석탄 생산량을 늘리고, 무연탄無煙炭* 소비를 확대했습니다. 석유를 대신할 에너지 개발에도 투자했고요.

참, 한국에서 석유가 언제 처음 사용되었는지 아시나요? 1880년대 고종 때 사용된 것으로 알려져 있습니다. 주로 등잔 연료로 썼다고 하네요. 구한말 학자 황현이 쓴 《매천야록梅泉野錄》**에 "한 홉의 석유로 열흘을 밝힐 수 있었다"는 기록이 있습니다. 당시 석유는 서양에서 들어온 신기한 물건이었는데, 한 홉의 석유로 열흘 동안 등잔불을

★ 무연탄
　　無煙炭은 '연기가 나지 않는 석탄'이란 뜻이다. 이런 특성 때문에 주로 난방용으로 쓰였다. 무연탄을 분쇄해 만든 대표적인 것이 연탄이다.

★★ 매천야록
　　구한말 학자 황현이 1864년부터 1910년까지를 기록한 책이다. 당시의 국내외 정세, 각종 제도와 관습, 야담이나 소문 같은 민간에서 떠도는 얘기까지 자세히 담았다.

켤 수 있다는 사실에 사람들은 큰 충격을 받았다고 합니다. 한 홉은 약 180밀리리터입니다. 200밀리리터짜리 우유 한 팩을 떠올리면 어느 정도 양인지 짐작할 수 있을 겁니다. 대한제국은 주로 미국과 러시아에서 석유를 수입했습니다. 훗날 세계적인 석유 기업으로 성장하는 스탠더드 오일이 당시 우리나라에도 진출해 있었다고 하네요.

석유수출국기구

석유는 1908년 이란에서 처음 발견되었어요. 이어 사우디와 이라크에서도 대규모 유전(油田, 석유가 나는 곳)이 발견되었죠. 석유를 '검은 황금'이라고 합니다. 그 정도로 석유는 당시 세계 경제에 큰 영향을 미쳤습니다. 석유를 확보하기 위해 치열하게 경쟁하기 시작했고요.

2차 대전 이후 석유는 세계 경제의 핵심 자원이 됩니다. 산업화가 진행되고 경제가 급속도로 발전하면서 수요가 폭발적으로 늘죠. 이렇게 중동의 석유는 세계 경제와 깊이 연결되었고, 페르시아만 일대 지역의 나라들은 석유 덕분에 부를 쌓습니다.

세계 석유 회사들의 횡포

중동에서 석유를 수출하는 국가들은 페르시아만 일대 지역(바레인·

사우디아라비아·아랍에미리트·카타르·쿠웨이트·오만·이란·이라크 등)에 있습니다. 이 중 1위 산유국은 사우디예요. 그래선지 사우디는 석유수출국기구에서도 막강한 영향력을 행사합니다.

석유수출국기구는 세계 7대 석유 회사들(엑슨Exxon·모빌Mobil·걸프Gulf·텍사코Texaco·세브론Chevron·BPBritish Petroleum·로열더치셸Royal Dutch Shell)의 행태에 반발해 조직된 국제 기구입니다. 1950년대까지 이 기업들이 세계 석유 시장을 독점했습니다. 이 기업들은 산유국들이 석유를 뽑아낼 수 있게 자본과 기술을 제공하고 산유국들이 석유를 뽑아내면 자신들이 차지했습니다. 석유 가격과 공급을 마음대로 결정해 큰 이익을 남겼지요.

시간이 지날수록 산유국들의 불만이 깊어졌습니다. 자신들에게는 강요하다시피 해서 저가에 가져가서는 큰 이익을 남기니 그럴 수밖에 없지요. 결국 산유국들은 자신들이 석유 생산량과 가격을 직접 관리하기로 합니다. 이런 배경에서 만들어진 것이 석유수출국기구입니다.

석유수출국기구는 1960년 9월, 사우디아라비아·이란·이라크·쿠웨이트·베네수엘라 5개국으로 출발했고, 2025년 현재 12개국이 회원국입니다. 사우디아라비아·아랍에미리트·알제리·앙골라·적도기니·이란·이라크·쿠웨이트·리비아·나이지리아·콩고·베네수엘라·카타르입니다.

중동의 건설 노동자

1953년 한국전쟁은 멈추었지만, 한국은 폐허 그 자체였습니다. 전쟁은 거의 모든 것을 앗아 갔습니다. 이런 현실에서 나라를 다시 일으켜 세울 것은 '사람들'밖에 없었습니다. 지금 많은 외국인이 한국에 와서 일하듯이 당시 한국 사람들도 외국으로 나가서 일을 하기 시작했답니다. 1960-70년대에는 독일에, 70-80년대에는 사우디를 비롯한 중동에 한국의 노동자들이 건너갔습니다.

파독 광부와 간호사들

60년대 박정희 정부는 독일의 노동자 파견 요청을 수락합니다. 실업 문제를 해결하고 외화도 벌어들이고 싶었던 거지요. 한국에서는

파독 광부, 간호사들이 낯선 나라에서 어떻게 살았는지 엿볼 수 있는 영화 〈국제시장〉 스틸 컷

1963년부터 77년까지 약 2만 명이 독일로 건너갑니다. 광부 약 8천 명, 간호사 약 1만 2천 명이라고 합니다.

이들은 낯선 땅에서 많은 어려움을 겪습니다. 말도 통하지 않고, 문화도 다른 곳이잖아요. 무엇보다 독일 사람들이 하지 않으려는 중노동을 해야 했으니까요. 광부들은 하루에 10시간 넘게 일했고 그로 인해 석탄 가루가 가슴에 쌓여 폐질환을 앓는 광부도 많았습니다. 좁고 더럽고 열악한 숙소는 병을 더 악화시켰고요. 영화 〈국제시장〉에도 파독 광부, 간호사들 이야기가 나오지요.

이런 현실에서도 노동자들은 고국의 가족들을 생각하며 버팁니다. 월급을 받는 대로 가족들에게 보내고요. 이 돈은 가족들뿐 아니

1970-80년대 노동자들이 벌어들인 외화는 한국 경제 발전의 밑거름이 되었다.
사진은 1976년 이란의 조선소 건립 공사 현장에 파견된 한국 기술자들

라 한국 경제에도 소중한 밑거름이 되었습니다.

독일 사회에서 한국 노동자들은 성실하고 전문성을 가진 사람들로 인정과 존경을 받았다고 합니다. 이런 노동자들의 평판 덕분이었을까요. 한국은 독일과 좋은 관계를 이어 나갈 수 있었습니다.

중동의 건설 노동자들

1970년대에는 중동으로도 일하러 많이 나갔습니다. 당시 중동에서는 건설 붐이 일었습니다. 사우디를 비롯한 중동 국가들은 석유를 팔아 많은 돈을 벌었고 그 돈으로 도로를 닦고 빌딩을 세우는 등 국가 기반 시설을 갖추려 했습니다. 하지만 건설 분야에서 노련한 노동자가 부족했지요. 당시 한국은 주한 미군 기지를 건설하고 그 기지를 유지, 보수하면서 건설 경험을 쌓았습니다. 박정희 정부는 이런 장점을 내세워 한국의 건설 노동자들을 중동으로 보냈습니다. 노동자들을 독일에 보냈을 때처럼, 이번에도 실업 문제를 해소하고 외화도 벌어들이려는 것이 목적이었지요.

중동에 파견된 한국 노동자는 1978년 8만 4천여 명에서 82년에는 17만 1천여 명으로 늘어났습니다. 한때 20만 명에 이르렀고요. 75년에 외국으로 나간 한국인 중 30퍼센트가 중동으로 파견되었고, 80년에는 80퍼센트로 증가했다고 하니까요.

중동의 노동자들 역시 언어와 문화가 달라 어려움을 겪습니다. 사막의 더운 날씨는 더 견디기 힘들었지요. 노동자로서 부당한 대우를 받는 일도 많았고요. 그럼에도 이들 역시 고국의 가족들을 생각하며 이를 악물고 버텨 냈습니다. 이들이 벌어들인 돈 역시 한국 경제 발전의 토대가 되었고요.

노동자들 중에는 중동에 정착한 이들도 있습니다. 이들은 한국의 지인들을 불러들였습니다. 중동 사람들은 한국 노동자들이 부지런하고 성실하다며 칭찬했습니다. 현대건설, 대우건설 같은 한국 건설사들은 중동에서 더 많은 공사를 맡을 수 있었습니다. 한국의 건설 기술도 덩달아 발전했고요. 건설사들은 중동에서 벌어들인 돈으로 국내에서 다각도로 사업을 펼쳤습니다.

중동 건설 붐 이전에는 베트남으로도 많이 건너갔습니다. 누구는 군인으로, 누구는 노동자로 말이지요. 베트남 전쟁 기간에 한국 건설사들은 베트남에서 미군을 위한 시설 등을 지었습니다.

이처럼 한국에 아무것도 없던 시절에 외국에 나가 일한 분들 덕분에 지금의 우리 사회가 있지 않나 싶습니다. 이분들의 희생을 기억해야 하지 않을까요. 또한 지금 한국에서 일하는 이주 노동자들의 입장도 헤아려 보면 좋겠습니다. 오래전 우리도 낯선 나라에서 힘들게 노동한 시간들이 있었으니까요.

중동 건설 붐이 일었을 때 한국 노동자들이 가장 많이 간 나라가 바로 사우디아라비아였습니다. 한국과 사우디는 1962년에 외교 관계를 맺습니다. 70년대에 한국 노동자들이 사우디로 많이 가게 된 배경이죠. 이 일로 이후 두 나라는 경제적으로 더 협력하게 됩니다.

사우디는 한국에 석유를 안정적으로 공급하고, 한국은 사우디에 건설 공사에 필요한 중장비를 비롯해 자동차, 전자제품 등을 수출했습니다. 한국 기업들은 사우디의 여러 프로젝트에 참여도 하고, 사우디의 투자 유치에도 응했지요.

두 나라는 1975년에 문화 협정도 맺습니다. 문화, 교육 분야도 교류하자는 취지였죠. 문화 교류 측면만 보면, 이 협정으로 인해 한국은 드라마, 영화 등을 사우디에 소개할 수 있게 되었고, 사우디도 자국 문화를 한국에 알릴 기회를 얻게 되었지요. 두 나라는 관광 상품

BTS 콘서트에 온 사우디아라비아 팬

등을 주고받으면서 관광 산업을 발전시킬 수 있었습니다.

이런 교류 덕분에 사우디 젊은이들은 K팝, K드라마 등 한국 문화를 즐기게 되었죠. 2023년에 사우디에서 인기 많았던 드라마 3, 4위가 한국 드라마(〈사내 맞선〉, 〈이상한 변호사 우영우〉)였다고 합니다. BTS방탄소년단, 슈퍼주니어, B.I.G 등의 가수들도 인기가 많고요. BTS는 2019년 10월 사우디의 수도 리야드Riyadh에서 단독 콘서트를 열었죠. 사우디에서 외국 가수가 그런 대형 공연을 한 건 처음이라고 해요. 아바야(Abaya, 얼굴과 손발 이외는 모두 가린 히잡을 말함)를 입은 관객들은 3시간 공연 내내 응원봉을 흔들면서 떼창을 부르고 춤도 추었다고 합니다. 전 세계가 놀랐습니다. 사우디 여성들은 음악 콘서트나 축구 경기처럼 불특정 다수가 모이는 곳에 남성을 동반하지 않고는 출입할 수 없었는데, 이 콘서트에는 여성이 혼자 입장할 수 있었거든요.

이날 BTS는 노출이 거의 없는 옷을 입고 안무도 수정했습니다. 공연장 여성 스태프들은 아바야를 입었고, 공연장 한 곳에는 기도 공간도 마련돼 있었다고 합니다. 관객들은 이슬람 문화를 존중해 주어 깊이 감동했다는 후기를 남겼습니다.

슈퍼주니어는 2019년 7월 아시아 가수 최초로 사우디에서 단독 콘서트를 열었고, B.I.G는 무함마드 빈 살만Muhammad Bin Salman 왕세자가 한국을 방문했을 때 오찬에 공식 초대를 받기도 했습니다.

석유 이후의 세계

빈 살만은 2022년 한국을 방문했습니다. 사우디를 이끄는 핵심 인물로 다양한 개혁, 개방 정책을 펼치며 사우디를 변화시키고 있는 인물이죠. 방금 말한 BTS 콘서트만 해도 빈 살만이 허락해 진행할 수 있었죠.

사우디는 오랫동안 석유를 수출해 돈을 벌었습니다. 그런데 석유는 고갈될 수 있고, 무엇보다 기후 위기 등을 겪으면서 석유를 비롯한 화석연료를 쓰지 말자는 움직임이 전 세계적으로 일고 있습니다.

빈 살만은 사우디도 아랍에미리트처럼 석유 중심의 경제에서 벗어나야 한다고 주장합니다. 석유에만 의존하지 않고 여러 산업을 발전시키려고 합니다. 엔터테인먼트들과 손잡고 관광 산업을 육성하려는 것도 한 예죠. BTS 등이 공연할 수 있었던 배경입니다.

 빈 살만의 한국 방문

사우디아라비아의 정식 명칭은 사우디아라비아 왕국Kingdom of Saudi Arabia입니다. 1932년에 압둘아지즈 이븐 알사우드Abdulaziz Ibn Al Saud 가 건국했지요. 왕국의 최고 권력자는 왕입니다. 현재 국왕은 제7대로 살만 빈 압둘아지즈 알사우드Salman bin Abdulaziz Al Saud입니다. 왕세자 빈 살만은 알사우드의 자식 13남매 중 7번째 아들입니다.

빈 살만은 1985년생입니다. 그동안의 왕세자들과 달리 파격적인 모습을 보여 주목을 받고 있지요. 경제, 사회 개혁 계획인 '비전 2030'을 발표했습니다. 2030년까지 석유에만 의존하던 것에서 벗어나 경제, 사회, 문화 전반을 바꾸겠다고 밝혔습니다.

빈 살만은 여성 인권 향상에도 관심이 많습니다. 히잡을 착용할지 말지를 개인이 선택하게 했고, 남성 보호자의 동의 없이 여성이 운전면허를 취득하고 운전도 할 수 있게 했습니다. 남성 보호자의 동의 없이 혼자 해외여행을 할 수 있게 했고요. 남성 보호자가 없어도 자기 재산을 관리할 수 있게 했고, 이혼도 이전보다는 자유롭게 할 수 있게 했습니다. 여성도 대학에 진학하고 전문직에서 일할 수 있게 했고, 창업할 수 있게 했으며, 기업가로서 지원을 받을 수 있게 했습니다. 남녀가 함께 앉지 못하게 한 전통도 깼지요. 남녀가 섞여 앉아 보는 콘서트를 허용한 것입니다. 35년 만에 영화관도 다시 문을 열게 했지요.

사우디를 파격적으로 바꾸고 있는 빈 살만

'비전 2030' 중 가장 주목받는 것이 네옴시티NEOM city 건설입니다. 네옴시티는 미래형 도시로, 사우디 북서부 홍해 연안에 서울의 44배에 달하는 규모로 건설할 계획입니다. 친환경적인 요소와 첨단 기술을 접목할 예정이라고 합니다. 친환경적인 요소를 접목하는 목적은 탄소를 전혀 배출하지 않기 위해서랍니다. 그러기 위해 풍력, 태양광, 녹색 수소* 같은 재생에너지만 쓸 계획이라고 하네요. 첨단 기술은

★ 녹색 수소
태양광, 풍력 같은 재생에너지를 이용해 물을 전기분해 할 때 생산되는 수소를 말한다. 탄소를 배출하지 않고 생산되기 때문에 친환경적인 에너지원으로 주목받고 있다.

운전 연습 중인 사우디 여성들. 사우디는 오랫동안 '세상에서 가장 보수적인 나라'로 여겨졌는데, 빈 살만이 개혁 정책을 펼치면서 달라지고 있다.

이를테면 인공지능, 로봇, 자율주행차 등을 말하고요.

빈 살만은 네옴시티 건설에 많은 국가가 투자해 주기를 바라고 있습니다. 5천억 달러(한화 약 700조 원) 이상이 들 예정이라고 하니까요. 빈 살만이 한국을 비롯해 여러 나라를 순방하는 이유지요. 과연 이 도시가 구현될지 그리고 사우디는 앞으로 어떻게 변해 갈지 지켜봐야겠습니다.

중동에 부는 한류 열풍

사우디뿐 아니라 중동의 여러 나라에서 한국 문화는 인기가 많습니다. K팝, K드라마, K뷰티 등 대중문화에 국한하지 않고 한국 음식, 한국 의료 기술 등에도 많은 관심을 보이고 있지요.

대중문화에서는 〈대장금〉, 〈주몽〉 같은 드라마가 먼저 주목을 받았습니다. 미국이나 유럽의 대중문화와 달리 자극적이거나 선정적인 요소가 적었기 때문이죠. 더욱이 사극은 전통문화에 관한 것이다 보니 보수적인 내용일 수밖에 없는데, 이런 특징이 이슬람 사회 분위기와 잘 맞아떨어진 것이지요. 드라마가 인기를 얻으면서 중동 사람들은 한국 문화에 점점 더 관심을 갖게 되었습니다.

한류Korean Wave*는 대중문화에만 영향을 끼친 게 아닙니다. 코로나19 팬데믹 때문에 주춤했지만, 이전엔 중동 지역에서 한국으로 치료를 받으러 오는 환자가 많았습니다. 지금도 여전하고요. 암이나 심장 질환 같은 중증 환자들이 치료를 받으러 많이 옵니다. 아랍에 미리트의 경우 복지 정책 일환으로 자국에서 치료가 어려운 환자들을 한국에 보내기도 합니다.

한국과 사우디는 한국의 의료 시스템을 중동에 복사하는 '쌍둥이 프로젝트'를 추진했습니다. 이 프로젝트는 한국의 의료 시스템을 사우디에 그대로 전수하는 것을 목표로 했지요. 한국의 우수한 의료 시스템을 사우디에 똑같이 만들어, 사우디 의료 환경을 개선하려는 것이었어요. 이렇게 한국의 의료 기술과 시설은 세계적으로 인정을 받고 있습니다.

무슬림들은 한국 음식에도 큰 관심을 보이고 있습니다. 한국의 치킨이나 라면 같은 음식들이 할랄 인증을 받으면서 무슬림들 사이에서 인기를 끌고 있답니다. 김치도 할랄 음식으로 주목받고요.

이렇게 볼 때 중동에서 한류 열풍은 쉽게 수그러들지 않을 듯합니다.

★ 한류

1990년대 등장한 신조어로, 한국의 대중문화를 포함해 한국과 관련된 것들이 다른 나라에서 인기를 얻는 현상을 말한다.

에미리트 항공Emirate Airlines, 카타르 항공Qatar Airlines, 에티하드 항공 Ethihad Arilines. 이런 항공사들 이름을 들어 본 적이 있나요? 모두 중동에 있는 항공사들입니다. 중동의 항공 산업은 놀라울 정도로 빠르게 성장하고 있어요.

항공 산업은 여객과 화물을 운송하는 항공운송산업과, 항공기와 우주로 날아가는 각종 기기를 제작·공급하는 항공우주산업(또는 항공기 산업)을 포함해요. 이 중 중동 항공사들은 항공운송산업에서 탁월한 서비스를 제공하고 있습니다. 예를 들어 에미리트 항공은 세계 각지로 연결된 광범위한 노선을 갖고 있습니다. 두바이Dubai를 중심으로 150개 이상의 취항지를 확보하고 있습니다. 카타르 항공도 수도인 도하Doha를 중심으로 전 세계 주요 도시에 이르는 노선을 갖고 있고요. 중동이 지리적으로 아시아, 유럽, 아프리카를 연결하는 위치에 있어 가능한 일입니다.

중동의 항공사들은 다양한 국적과 배경을 가진 승무원들을 채용하고 있습니다. 노선이 다양하니 각 나라에 맞는 승무원을 뽑는 거죠. 당연히 서비스가 좋을 수밖에 없겠지요. 승무원을 꿈꾸는 많은 한국 학생이 중동 항공사에 지원하고 있고, 실제로 많이 취직되어 일하고 있답니다.

이제 주력 분야는 관광

중동 국가들이 관광 산업에 관심을 쏟는 이유는 무엇일까요? 중동 국가들은 오랫동안 석유에 의존해 살아왔습니다. 그런데 기후 위기가 심해지니 더는 화석연료를 쓰지 말자는 것이 세계적인 움직임입니다. 중동 국가들은 경제를 위해 다른 길을 찾아야 했습니다. 그중 하나가 관광 산업인 것이지요.

중동 국가들은 막대한 자본을 쏟아부어 국제공항, 호텔, 레저 시설 등 관광에 필요한 시설들을 확충하고 있습니다. 고대 도시를 비롯해 사막, 해변 등 다양한 문화, 자연 자원을 한껏 활용하려는 것이지요.

관광 산업 개발에 뛰어든 대표적인 국가가 사우디, 아랍에미리트, 요르단입니다. 사우디는 앞서 말한 네옴시티를 건설해 세계인들을 끌어모을 계획이고, 아랍에미리트는 두바이를 세계적인 관광 도시로 굳히기 위해 다양한 호텔, 쇼핑몰, 레저 시설 등을 건설하고 있습니다. 요르단은 사해를 의료 관광 상품으로 개발하고 있고, 성지 순례도 관광 상품으로 개발 중입니다.

아랍에미리트는 변신 중!

여러 나라 중 두각을 나타내는 나라가 아랍에미리트입니다. 아랍에미리트는 하나의 나라가 아닙니다. 7개의 에미리트Emirate*(아부다비·두바이·샤르자·라스 알카이마·푸자이라·움 알쿠와인·아지만)로 구성된 연방 국가이지요. 수도는 아부다비Abu Dhabi이고, 두바이는 세계 무역과 관광의 중심지입니다. 매년 수백만 명의 관광객이 아부다비와 두바이를 찾습니다.

★ 에미리트
아미르Amir는 '왕자' 또는 '통치자'를 뜻하고, 에미리트는 이들이 다스리는 영토나 행정 구역을 가리킨다.

두바이

두바이에는 볼거리가 많습니다. 두바이는 중동의 다른 도시에 비해 석유 매장량이 적었습니다. 이 때문에 석유에만 의존하지 않고 일찌감치 다른 길을 찾아 나섰죠. 구체적으로는 1980년대부터 세계 무역과 관광의 중심지가 되기 위해 대규모 프로젝트를 시작했습니다. 이를 위해 외국인들의 투자를 유도하고, 국제 기업들을 적극적으로 유치했지요.

두바이는 독특한 건축물들을 세워 관광지로 주목을 받기 시작합니다. 일례로 부르즈 칼리파Burj Khalifa는 두바이를 상징하는 건축물인데, 828미터로 163층입니다. 세계에서 가장 높습니다. 팜 주메이라 Palm Jumeirah도 빼놓을 수 없는 관광 명소입니다. 바다를 매립해 야자수 모양으로 만든 인공섬인데 고급 호텔과 다양한 레스토랑이 있고 워터파크 등 즐길 거리도 아주 많습니다. 세계 최대 규모의 쇼핑몰인 두바이 몰도 있고, 부르즈 알아랍Burj Al Arab이라는 세계에서 유일한 7성급 호텔도 있습니다.

두바이는 금융과 무역의 중심지로도 주목받고 있습니다. 두바이 국제금융센터DIFC는 중동과 아시아, 아프리카를 연결하는 금융 허브로 성장했으며, 두바이 항구와 공항들은 세계적인 물류와 항공의 중심지가 되었습니다. 두바이 국제공항은 '세계에서 가장 바쁜 공항'

바다를 매립해 야자수 모양으로 만든 인공섬인 팜 주메이라.
팜은 '야자수'를 뜻하고, 주메이라는 두바이 해안 지역 이름이
다. 팜 주메이라는 '주메이라 해안의 야자수섬'이란 뜻이다.

세계에서 가장 높은 건축물인 부르즈 칼리파. 부르즈는 '탑'
이란 뜻이고, 칼리파는 아랍에미리트 대통령 칼리파 빈 자
이드 알나흐얀Khalifa bin Zayed Al Nahyan의 이름에서 따왔다
고 한다. 부르즈 칼리파는 '칼리파 대통령의 탑'이란 뜻이다.

으로 불릴 만큼 전 세계인이 오가는 곳입니다. 두바이는 2021년에 '엑스포Expo* 2020'도 성공적으로 치렀습니다.

아부다비

아부다비는 두바이와는 다른 매력을 품은 도시입니다. 아부다비에는 프랑스 루브르 박물관Louvre Abu Dhabi이 있습니다. 프랑스 파리에 있는 그 루브르 박물관이 아부다비에서도 문을 열어 전시 작품을 공유하고 있는 것이지요. 아부다비만 와도 세계적인 예술 작품들을 감상할 수 있게 된 겁니다. 아브라함 패밀리 하우스Abrahamic Family House라는 유명한 건축물도 있습니다. 아브라함 패밀리 하우스는 아부다비 사디야트Saadiyat섬에 있는 종교 간 복합 단지예요. 모스크, 교회, 회당을 한 건물에 통합해 놓아 아브라함에서 기원한 종교들이 평화롭게 공존하는 모습을 보여 주는 건축물입니다. 건축가 데이비드 아자예David Adjaye가 종교가 다른 사람들이 서로의 신앙을 이해하

★ 엑스포
엑스포는 달리 말하면 '세계 박람회'다. 국제박람회기구BIE에서 주관해 5년마다 열린다. 1851년 런던 엑스포를 시작으로 지금까지 이어 오고 있으며, 세계 3대 국제 이벤트 중 하나다. 나머지 두 이벤트는 올림픽과 월드컵이다. 엑스포는 과학 기술·문화 등을 공유하고, 혁신적인 기술과 아이디어 등도 나누는 장이다. 한국은 1993년 대전에서 과학 엑스포를 개최한 바 있다.

종교가 다른 이들이 서로 존중하고 이해하길 바라며 지어진 아브라함 패밀리 하우스

고 존중하길 바라며 설계했다고 해요. 종교 갈등으로 고통받는 사람들을 위로하고, 종교의 진정한 의미를 되새기기 위해 건설한 것이지요.

아부다비에는 구겐하임 미술관Guggenheim Abu Dhabi도 들어설 예정입니다. 구겐하임 미술관은 미국 뉴욕 맨해튼에 있는 현대 미술관으로, 인상파와 후기 인상파, 그리고 현대 미술 작품들이 주로 전시되어 있습니다. 루브르 박물관처럼 구겐하임 미술관도 아부다비에 분점을 두려는 것이지요. 중동이 세계 예술의 중심지로 떠오르고 있다는 증거가 아닐까 싶습니다.

멀지만 가까운 한국과 중동

한국 역시 물류, 여객, 관광 산업에 많이 투자하고 있습니다. 동아시아의 허브란 장점을 살린 거지요. 한국의 항공사들은 전 세계로 취항하며 물류와 여객 산업에서 꾸준히 성장하고 있습니다. 관광객 유치를 위해 다양한 노력을 기울이고 있고요. 한국과 중동은 지리적으로는 멀리 떨어져 있지만, 비슷한 역할을 하고 있는 것은 아닐까요. 그렇게 본다면 한국과 중동은 좋은 라이벌이자 동반자 관계라고 할 수 있겠습니다. 중동의 항공 산업과 관광 산업이 세계적인 수준으로 발전하는 것을 지켜보고 참고하면 한국도 더 발전할 수 있을 것입니다. 앞으로는 물류와 관광 산업에서 경쟁력을 갖추는 것이 아주 중요하니까요.

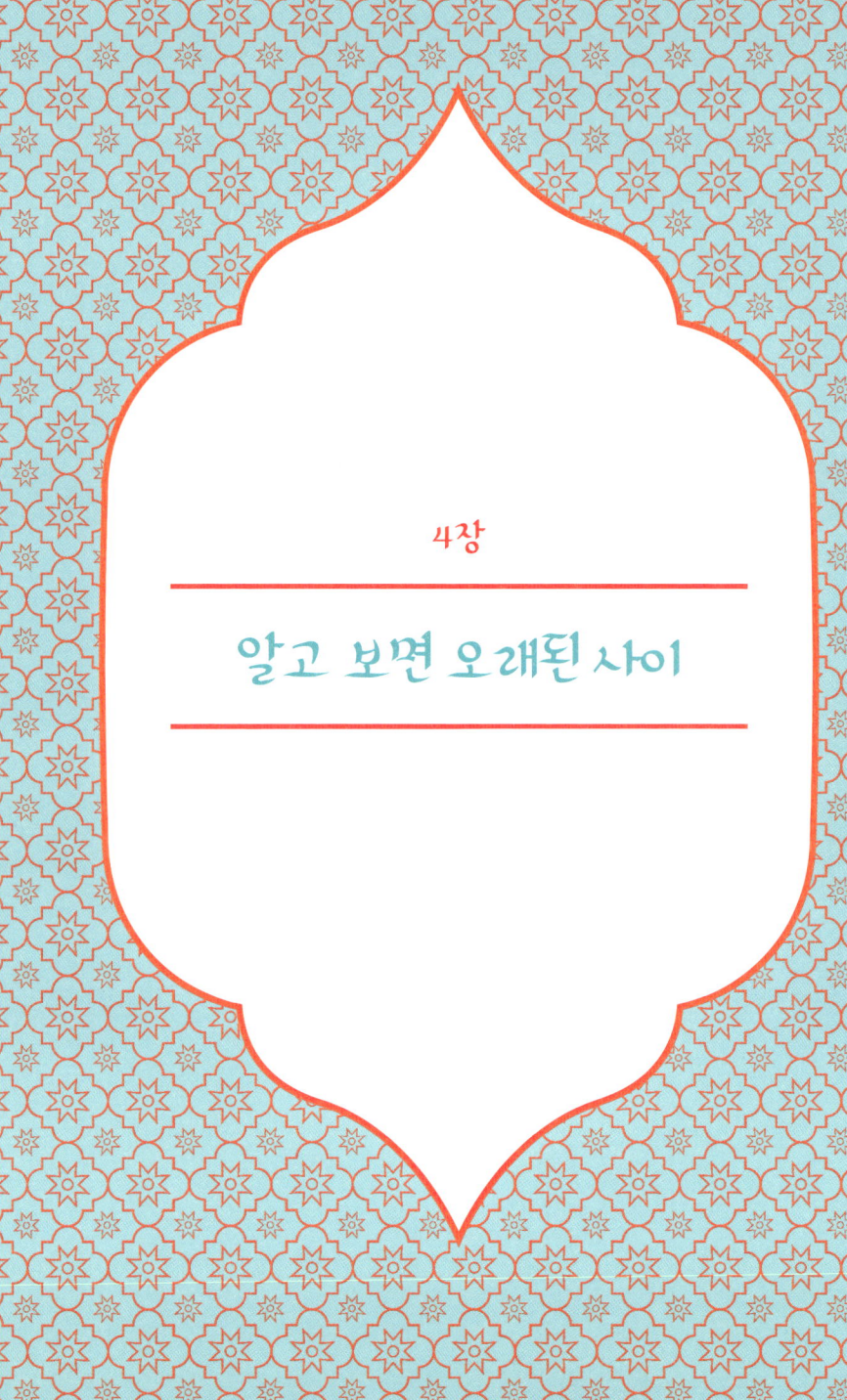

4장

알고 보면 오래된 사이

아직은 낯선 이웃

2025년 6월 현재 한국에는 약 30만 명의 무슬림이 살고 있습니다. 이 중 6만 명 정도는 국적이 한국이고, 나머지는 대부분 이주 무슬림들이에요. 이주 무슬림 하면 중동을 먼저 떠올리겠지만 중앙아시아·동남아시아·남아시아 출신이 많습니다. 구체적으로는 우즈베키스탄·인도네시아·파키스탄·방글라데시 등에서 많이 왔습니다. 대부분의 이주 무슬림들은 한국에서 노동자로 일합니다. 대학, 대학원 등에서 공부하는 분들도 있고요.

요즘 한국 사회의 큰 문제 두 가지를 꼽으라면 무엇이 있을까요? 아이를 적게 낳는 저출생 문제와 노인층이 많아지는 고령화 문제입니다. 이것은 일할 사람이 점점 더 줄어든다는 말이기도 합니다. 한국은 더 많은 외국인 노동자가 필요하게 되었습니다. 많은 무슬림이 한국에 정착한 배경이지요. 무슬림 노동자들은 건설업을 비롯해 제조업, 서비스업 분야에서 일하며 한국 경제에 크게 기여하고 있습니다.

이주 무슬림들은 한국에 와서도 무슬림으로서 정체성을 지키며 살아가고 있습니다. 무슬림 공동체를 이루어 살고 있지요. 서울 이태원에 있는 서울중앙성원은 한국에서 가장 큰 이슬람 사원입니다. 한국 최초의 모스크로 1976년에 지었습니다. 무슬림들은 매주 금요일 이곳에 모여 예배를 드리고, 교류도 합니다.

학업을 마친 무슬림 중에는 한국에 남는 경우도 많습니다. 대학이나 연구소에서 일하거나, 각종 산업 분야에서 전문 지식을 발휘하기도 합니다. 한국 사회에 점점 더 깊이 뿌리를 내려 사회의 한 구성원이 되어 가는 것이지요.

한국은 저출생과 고령화 문제로 인해 노동력이 많이 부족합니다. 이주 무슬림들은 부족한 노동력을 메워 줍니다. 한국은 앞으로 더 많은 이주 무슬림을 받아들일 수밖에 없는 현실에 처해 있습니다. 이들을 배척하기보다는 한국 사회에 잘 정착해 사회의 한 구성원으로 자리 잡을 수 있게 도와야 하지 않을까요.

서울중앙성원

서울중앙성원은 한국 최초의 모스크입니다. 서울의 이태원에 있습니다. 이 모스크는 1976년 5월 21일에 개원했는데, 한국에서 가장 큰 모스크이자 한국 이슬람교의 총본산으로 알려져 있습니다.

서울중앙성원은 1970년대 한국과 중동 국가들의 수교가 활발해지면서 한국 정부가 부지(약 1,500평)를 제공하고, 사우디를 비롯한 이슬람 국가들이 건축비를 지원해서 건립되었습니다.

서울중앙성원은 전통적인 이슬람 건축 양식을 따랐어요. 이슬람 건축은 돔, 아치, 미나렛, 기하학적인 장식 등이 특징이죠. 서울중앙성원 역시 이런 요소들을 갖추고 있습니다. 튀르키예의 후원으로 최근 내부를 다시 단장했다고 하네요. 튀르키예에 가야 볼 수 있는, 화려한 타일로 만든 이슬람 건축 장식을 한국에서도 볼 수 있게 된 거지요.

건물 외부 짓는 비용은 사우디와 이라크가 후원했고, 여느 모스

'알라는 위대하다'
고 쓰여 있다.

미나렛

서울중앙성원은 한국 최초의 모스크로 한국 정부가 부지를 제공하고, 이슬람 국가들이 건축비를 지원해 건립되었다. 아래 사진은 1970년대 모습

이슬람 건축에서 눈길을 사로잡는 것이 기하학적인 장식이다. 이슬람교에서는 우상 숭배를 금기시하기 때문에 주로 자연물을 장식으로 활용했다.

크처럼 미나렛도 갖추었습니다. 미나렛minaret은 모스크의 부속 건물로, 예배 시간을 알리기 위해 세워진 탑입니다. 형태는 지역과 시대에 따라 다양하다고 하네요. 미나렛은 멀리서도 눈에 띄기 때문에 해당 지역이 이슬람 지역임을 알리는 역할을 합니다.

기하학적인 장식은 이슬람 건축을 돋보이게 하는 특징이지요. 흔히 아라베스크Arabesque 문양이라고 하는데, 아라베스크란 '아랍의 장식'이라는 뜻입니다. 이슬람 건축이 아랍의 영향만 받은 것은 아니기 때문에 아라베스크라는 말보다는 '기하학적인 장식'이라는 표현이 더 정확해 보입니다.

모스크에서는 기하학적인 장식과 함께 식물이나 꽃 등을 장식으로 많이 씁니다. 아랍어를 장식으로도 많이 활용하고요. 이슬람교는 우상 숭배를 금기시하기 때문에 신이나 인간, 동물의 형상 대신 이런 장식을 주로 쓰는 것이지요.

서울중앙성원에서는 하루에 5번 예배가 열립니다. 매주 금요일 오후 1시에는 합동 예배가 진행됩니다. 모스크는 종교 의식을 넘어 무슬림들이 교류하고 연대하는 장소이기도 합니다.

서울중앙성원은 늘 개방되어 있으니 이슬람에 대해 알고 싶다면 한번 방문해 봐도 좋을 것입니다. 모스크 주변에는 할랄 음식점과 상점도 많습니다.

언제부터 한반도에 살았을까

무슬림은 언제부터 한반도에 살았을까요? 9세기 통일신라 시대라는 주장이 있어요. 아랍의 지리학자 이븐 쿠르다지바(Ibn Khurdādhibah, 820-912)가 자신의 책《제도로諸道路 및 제왕국지諸王國志》에서 통일신라의 위치와 황금, 그리고 무슬림들의 통일신라 왕래에 관해 서술한 뒤, 신라에서 무슬림들이 가져가는 물품에 담비가죽이 있다고 기록하고 있기 때문이지요. 이 기록에 따르면, 통일신라의 담비가죽이 아랍에까지 전해진 것입니다.

아랍의 역사가 알마수디(Al-Mas'udi, 896?-956?)는 자신의 책《황금의 초원Meadows of Gold》에서 통일신라를 "금이 풍부한 황금의 나라", "유토피아(낙원)"로 묘사했습니다. 물이 깨끗하고 땅이 비옥한 풍요로운 나라로 본 것이지요. "이라크인을 비롯해 무슬림들이 통일신라에 정착해 조국으로 삼았다"는 언급도 있습니다.

통일신라 제38대 원성왕(재위 기간 785-798년)의 왕릉(괘릉이라고도 함)에 서아시아인 무인상이 서 있는 것이 발견되기도 했습니다.

물론 이런 기록과 유물이 있더라도 실제로 무슬림이 통일신라에 살았는지는 확실히 모릅니다. 그들이 이슬람을 믿는 무슬림이었는지 다른 종교인이었는지 아니면 다른 민족이었는지 어느 것도 확신할 수 없는 것이지요. 사실이라고 뒷받침할 확실한 역사 자료를 아직 발견하지 못했으니까요.

원성왕 왕릉의 무인상

고려 가요에 등장한 무슬림

고려 시대에는 무슬림이 분명히 살았지요. 기록이 있습니다. 고려는 꽤 오랜 기간 원나라 간섭을 받았죠. 그 과정에서 원나라의 무슬림들이 고려로 들어온 것입니다. 일례로 원나라에서 고려로 시집온 공주들을 따라온 무슬림들이 있었지요.

고려 사람들은 무슬림들을 회회(回回, Huihui)라고 불렀습니다. 회회는 '회골回鶻'이라는 말에서 유래했어요. 회골은 몽골 초원에 살던 유목민족 그중에서도 위구르족을 가리키는 말인데, 이들은 중앙아시아로 이주해 이슬람교를 믿게 된 사람들입니다. 고려 가요 〈쌍화점〉에도 회회란 말이 나오죠. '쌍화점'은 만둣가게란 뜻입니다.

〈쌍화점〉은 고려 여인이 쌍화점(만둣가게)을 시작으로 절, 술집, 우물가 등에 갈 때마다 남자들에게 손목을 잡히는 이야기를 담고 있습니다. 이 노랫말에 "회회아비"가 나오는데, 회회아비는 '서역에서 온 상인'을 뜻합니다. 당시 고려가 서역(보통 중앙아시아를 가리킴)과 활발하게 교류하고 있었음을 알려 주는 말이지요.

고려 무슬림들은 보통 〈쌍화점〉 가사처럼 상인으로 일하거나 학자 또는 종교 지도자로도 활동했습니다. 학자로 유명한 이가 설손偰遜입니다. 설손은 원나라 황제에게 경전을 가르쳤던 무슬림 학자였는데, 홍건적의 난을 피해 고려에 귀화했습니다. 《고려사》 제112권에 설손 이야기가 나옵니다. 설손은 왕에게 재정적인 지원을 받으며 학문에 정진했습니다.

귀화한 무슬림들 중에는 원나라 공주를 따라서 한반도에 왔다가 정착한 경우도 있었습니다. 왕은 이들에게 성씨를 하사하기도 했는데, 대표적인 가문이 바로 덕수 장씨랍니다. 무슬림들은 무슬림으로서 정체성을 지키며 살았을 것으로 추정됩니다.

세종은 왜 무슬림 복장을 금지했을까

조선 시대가 되면서 무슬림들 처지가 많이 달라집니다.

먼저 한반도와 중동, 중앙아시아 간의 해상 교역이 줄어들면서 무슬림 상인과 종교 지도자들의 유입이 줄어듭니다. 이런 데다 조선이 유교를 국가 이념으로 삼습니다. 다른 종교인들이 이전만큼 자유롭게 활동할 수 없게 되었지요.

그래도 조선 초까지는 무슬림 상인과 종교 지도자들이 궁궐에 들어와 재물을 바치고 연회에 참석하기도 했습니다. 《태종실록》(7년 (1407) 1월 17일)에 따르면 "회회 사문(이슬람교 종교 지도자) 도로가 처자를 데리고 와서 조선에 머물러 살기를 원하니 임금이 집을 주어 정착하도록 했다"는 기록도 있습니다.

무슬림들은 주로 해상 무역을 하던 상인들이었기 때문에 고려 때부터 개성과 예성강 하류의 벽란도 일대에 모여 살았습니다. 모스크를 지어 기도를 올리고 코란을 낭송하기도 했지요.

사대부들의 항의

조선 사대부들은 이런 종교 생활도, 자신들끼리 모여 사는 것도 못마땅해합니다. 무슬림들이 사회 질서를 흔든다고 여기죠. 급기야 1427년 세종에게 상소를 올립니다. 다음은 그 내용 중 일부입니다.

"회회교도는 의관衣冠이 보통과 달라서, 사람들이 모두 보고 우리 백성이 아니라 하여 더불어 혼인하기를 부끄러워합니다. 이미 우리나라 사람인 바에는 마땅히 우리나라 의관을 좇아 별다르게 하지 않는다면 자연히 혼인하게 될 것입니다. 또 대조회大朝會 때 회회도의 기도하는 의식도 폐지함이 마땅합니다."
－《세종실록》(9년(1427) 4월 4일)에서

무슬림들도 조선인처럼 입는 등 조선의 문화를 따라야 한다는 지적입니다. 한마디로 조선 사회에 동화되어야 한다는 주장이지요. 세종은 이를 받아들입니다.

사대부들은 대조회 때 무슬림들이 하던 종교 의식도 폐지할 것을 건의했고, 이 역시 세종은 받아들입니다. 대조회는 국왕이 아침에 신하들과 만나 국가의 중요한 일을 논의하는 자리입니다. 5일에 한 번씩 열렸죠. 대조회에서 무슬림들은 이슬람식의 예배를 드리고 코란도 낭송했는데, 이 종교 의식을 금지한 것입니다.

사실 그전까지 세종은 신년 하례, 세자 책봉 등 나라의 중요한 행사에 무슬림들을 초청했고, 이들이 이슬람식 기도로 축복을 내려 주는 것도 좋아했습니다. 하지만 왕으로서 조선 사회를 유지하는 것이 중요하기에 그런 결정을 내린 것이지요.

이후 500여 년 동안 한반도에서 무슬림들의 집단 정체성은 사실상 사라집니다. 회회의 후손들은 살아남기 위해 조선 사회에 동화되지요.

일제 강점기의 무슬림들

1920년대 일제 강점기에 무슬림들이 다시 한반도에 들어옵니다. 투르크Turk 무슬림이 많았습니다. 러시아가 공산주의 국가가 되자 만주를 거쳐 한반도에 정착한 것이지요. 투르크 무슬림들은 러시아에서 오랫동안 박해를 받아 온 소수 민족인 데다 공산주의 정부까지 들어서니 떠날 수밖에 없었던 거지요. 공산주의 국가는 종교를 아편으로 여겨 종교인들을 탄압했기 때문입니다.

하지만 이들은 한국인들보다는 일제와 더 친밀했습니다. 러시아의 박해를 받았기 때문에 러일 전쟁을 벌여 러시아에 맞선 일제 편에 섰던 것이지요. 그 대가로 무슬림들은 일제의 보호를 받았습니다. 투르크 무슬림들은 독립 국가를 세우길 바랐는데 일제는 이를 지지하고 도와줄 것처럼 굴기도 했습니다. 하지만 속내는 달랐습니다. 서구 제국주의 국가들의 지배를 받던 이들을 자신들이 통치하려고 했지요.

투르크 무슬림들은 공동체를 이루어 살았습니다. 서울 무교동에 모스크를 세웠고, 이슬람 학교도 운영했지요. 코란을 출판하기도 했고 종교 행사도 열었습니다. 일제는 이 모든 일을 지원해 주었습니다. 그러자 무슬림들은 일제가 원하는 대로 했습니다. 이를테면 일제의 반공산주의 정책을 지지하는 식이었지요. 그뿐인가요. 일제의 지배를 받는 우리나라를 일본의 일부로 여겼습니다. 그래서 우리의 독립운동에 별 관심을 두지 않았습니다.

2차 대전이 끝나고 일제가 패망하자 무슬림들은 더는 일본의 보호를 받을 수 없게 되었죠. 한반도를 떠날 수밖에 없었습니다. 미국, 튀르키예, 호주로 이주했습니다. 한반도의 이슬람 공동체도 자연스레 사라졌습니다.

1950년 한국전쟁이 일어납니다. 전쟁을 끝내기 위해 유엔군이 투입되는데, 그중 하나가 튀르키예 군인들이었지요. 이들 대부분은 무슬림이었고요. 튀르키예 군인들은 전투만 한 것이 아니라 전쟁 때문에 어려움에 처한 한국 사람들을 도왔습니다. 이 모습에 감동해 이슬람교로 개종한 한국인도 많았다고 합니다. 한국에 이슬람교를 본격적으로 전파한 이들이 바로 이 튀르키예 군인들입니다.

1970-80년대에는 중동 건설 붐으로 인해 많은 한국인이 중동에서 일했고, 그 과정에서 이슬람 문화를 접하게 됩니다. 이를 계기로 한국 내 무슬림 공동체도 조금씩 성장하게 되었죠. 한국 정부도 서울중앙성원을 세우는 등 무슬림들을 지원하기 시작했습니다.

1990년대 이후 한국은 경제가 크게 발전합니다. 외국에서 한국으로 일하러 오는 이주 노동자도 많아졌죠. 무슬림이 많은 방글라데시, 인도네시아, 파키스탄 등에서도 많이 왔습니다. 이들은 일하면서 자연스레 무슬림 공동체를 이루었고 사회의 한 구성원들로 살아가고 있습니다.

튀르키예는 왜 '형제의 나라'일까

2002년 월드컵 3, 4위전에서 한국은 튀르키예와 맞붙었습니다. 한국인들은 이 경기만은 승패에 연연하지 않고 축구 자체를 즐겼습니다. 왜 그랬을까요? 튀르키예는 한국에게 '형제의 나라'이기 때문이지요. 어떻게 이런 관계가 된 것일까요?

튀르키예와 한국의 특별한 관계는 1950년 발발한 한국전쟁에서 시작되었어요. 전쟁을 끝내기 위해 전 세계 많은 나라가 한국 편에 서서 싸웠습니다. 그중에 튀르키예도 있었지요. 튀르키예는 미국 다음으로 많은 군인을 보냈습니다. 이 군대 이름이 터키 여단Turkish Brigade이었고, 군인들은 1만 5천여 명이었습니다.

터키 여단은 여러 전투에서 승리를 거두었습니다. 승리한 전투 중 가장 대표적인 것이 1950년 11월 치른 군우리 전투입니다. 군우리 전투는 1950년 11월 27일에서 29일까지 지금의 평안남도 개천군 군

생포한 중국군들을 수색하는 튀르키예 군인들

우리에서 터키 여단과 중국군이 맞붙은 전투예요. 전세가 불리했는데도 터키 여단이 중국군을 막아선 덕분에 미군을 포함한 유엔군이 철수할 길을 확보할 수 있었답니다. 튀르키예군이 한국전쟁에서 벌인 첫 전투이기도 해요.

튀르키예 군인들은 종전을 위해 계속 싸웠고 그 과정에서 900여 명의 사상자를 낼 정도로 큰 희생을 치렀습니다. 튀르키예를 단순한 동맹국이 아니라 '형제의 나라'로 여길 수밖에 없는 이유이지요. 한국전쟁 이후 두 나라는 긴밀해집니다. 튀르키예는 중동과 유럽을 잇는 나라라는 점에서도 아주 중요했고요.

튀르키예와 한국은 건설업 분야에서 긴밀하게 협력하고 있습니다. 한국의 건설사들은 튀르키예에서 여러 프로젝트를 맡으며 도로·다리 등 기반 시설 건설에 기여했지요. 예를 들어, 튀르키예의 대표적인 다리인 보스포루스 다리 건설에도 함께했습니다.

보스포루스 다리Bosphorus Bridge는 이스탄불에 위치한 보스포루스 해협을 가로지르는 현수교(懸垂橋, 케이블로 지지하는 다리)로, 유럽과 아시아를 연결하는 중요한 다리입니다. 다리는 3개인데, 제1대교는 1973년에 개통되었습니다. 2013년에는 해저 터널도 완공되어 마르마라이Marmaray 열차가 운행 중이지요.

한국과 튀르키예는 계속 끈끈한 관계를 이어 가고 있습니다. 2023년 튀르키예 지진이 일어났을 때 한국은 서둘러 구호팀을 보내고, 많은 지원도 했습니다. 튀르키예 사람들은 한국에 깊은 감사를 표했죠.

한국에서도 점점 더 많은 사람이 튀르키예에 관심을 갖게 되었습니다. 일례로 케밥을 비롯한 튀르키예 음식들을 한국에서도 쉽게 맛볼 수 있습니다. 튀르키예로 여행도 많이 가고요. 두 나라의 평범한 사람들 사이에도 유대감이 날로 깊어질 듯합니다.

보스포러스 다리는 이스탄불을 동서로 나누는 보스포러스 해협을 가로질러 놓였다. 유럽의 오르타쾨이Ortaköy와 아시아의 베이레르베이Beylerbeyi를 연결했기 때문에 유럽과 아시아를 잇는 다리로 유명하다. 이 다리 건설에 한국 건설사들도 함께했다.

주민과 무슬림이 갈등한 사건

한국에는 2025년 6월 현재 약 30만 명의 무슬림이 살고 있습니다. 이 중 약 6만 명은 한국인 무슬림이고, 나머지 24만 명은 한국에 거주하는 외국인 무슬림입니다. 전체 무슬림은 한국 전체 인구의 약 0.5퍼센트에 해당하지요. 무슬림 수는 점점 더 느는 추세이고요.

한국인들과 무슬림들이 잘 어우러져 살면 좋겠지만, 갈등이 일어나기도 합니다. 그 과정에서 이슬람교와 무슬림에 대한 편견과 혐오 감정이 드러나기도 하지요. 아직도 해결되지 않은 대표적인 갈등 하나를 살펴볼게요.

대구 경북대 유학생 중에는 무슬림들도 있습니다. 이들은 학교 근처의 한 주택을 빌려 작은 예배당으로 삼았습니다. 그런데 점점 더 사람이 늘어 장소가 비좁았습니다. 유학생들은 돈을 모아 모스크를 짓기로 합니다. 법에서 정한 절차를 밟아 건축을 허락받습니다.

모스크 건축을 반대하는 주민들이 가져다 놓은 돼지머리

2020년부터 공사를 시작했지요.

그런데 주민 일부와 개신교에서 반대합니다. 결국 소송이 벌어졌습니다. 1심, 2심, 3심(대법원) 모두 건축하는 데 아무 문제가 없다며 건축주 손을 들어 주었습니다. 하지만 주민 반대파는 물러서지 않았습니다. 대법원에서도 패소하자 공사장 앞에 돼지머리를 하나둘 늘어놓기 시작했습니다. 앞에서도 설명했듯이 무슬림들은 돼지고기를 금기시합니다. 무슬림들은 이런 대응이 명백한 '이슬람 혐오'라며 반발했지요. 사실 공사장 근처에는 다음과 같은 현수막들이 걸려 있었습니다.

'이슬람 무서워서 마실도 못 다닌다'

'유럽처럼 무슬림 밀집 지역이 되어 치안 불안·슬럼화된다'

무슬림 유학생이 사는 건물에는 이런 푯말이 붙기도 했습니다.

'사람을 잔인하게 죽이고 참수하는 테러리스트 무슬림은 당장 여기서 나가라!'

한 반대파 주민은 시사지와 나눈 인터뷰[1]에서 다음처럼 속마음을 밝혔습니다.

"종교 행사에 30-40명씩 이슬람 남자들이 모이면 시끄럽다. 집에 혼자 있는 상황에 그네들한테 '조용히 해 달라'고 말하기 어렵다." (중략) "(무슬림) 여자도 머리끝부터 발끝까지 빨간 천(히잡)을 두르고 골목에서 불쑥 나타나면 이건 사실 두렵다. 익숙지 않잖나? 안 놀라려고 해도 몸이 자동 반응한다."

법원의 승소 판결에도 주민들의 반대가 거세 공사는 중단되었고 2025년 6월 현재까지도 진척이 없는 상황입니다. 국가인권위원회*는 "사원 건축을 반대하는 주민들의 현수막 등이 전형적인 이슬람 공포증에 해당하고, 일부는 표현의 자유 한계를 넘어섰다"는 의견을

냈습니다. 2025년에는 유엔 인종차별철폐위원회에서도 돼지머리와 현수막 내용이 "인종차별적 증오 범죄, 혐오 표현"이라고 규정하며, 한국 정부를 향해 "이슬람 사원 건설 지연을 주도적으로 조속히 해결하라"고 권고[2]했습니다.

　이 사건은 하나의 예일 뿐입니다. 모스크를 비롯해 이슬람교에 관한 시설이 들어설 때 인근 주민들이 반대하는 일이 계속 일어나고 있습니다. 경기도 연천군에서는 한 이슬람 단체가 야영장 개발을 추진하려고 했지만 주민들의 거센 반대로 무산되었고, 강릉시에서는 이주 노동자 지원 센터를 짓는 과정에서 주민들이 "거주 외국인 상당수가 무슬림이기 때문에 센터가 무슬림 양성소가 될 것"이라며 우려해 갈등이 생기기도 했습니다.[3]

★ 국가인권위원회
인권을 보호하고 증진하기 위해 만들어진 국가 기관이다. 국가 기관이 공권력을 남용해 인권을 침해하거나 차별 행위 등을 저질렀는지 조사하고, 인권을 침해한 경우 개선을 권고한다.

갈등을 잘 해결한 사건[4]

한국인과 이주 무슬림 간의 갈등을 잘 해결해 간 사례도 있습니다.

2022년 2월, 울산 동구에 아프가니스탄 특별기여자와 그 가족들 160여 명이 들어왔습니다. 아프가니스탄 특별기여자란 한국에 협력했던 아프가니스탄 현지인들로, 한국이 아프가니스탄에 파병하거나 아프가니스탄에서 지역 재건 사업을 할 때 도움을 준 사람들 혹은 한국 정부 기관에 고용되었던 사람들입니다. 2021년 8월 아프가니스탄을 탈레반이 다시 장악합니다. 앞에서도 설명했듯이 탈레반은 이슬람 극단주의 무장 조직입니다. 대부분 아프가니스탄 사람은 이들이 집권하길 바라지 않았습니다. 탈레반이 집권하자마자 많은 사람이 아프가니스탄을 탈출하려고 한 이유이지요.

탈레반 정권은 아프가니스탄 특별기여자들을 부역자로 처벌할 가능성이 컸습니다. 부역자附逆者란 적을 이롭게 하여 나라에 해를 끼친 사람을 이릅니다. 한국은 이전 정부와 교류했으니 이런 한국에 협조한 이들을 부역자로 볼 수 있다는 것이지요. 이런 현실을 알고 있는 이상 한국에 협조한 이들을 아프가니스탄에 그대로 둘 수는 없었습니다. 한국은 이들을 특별기여자 신분으로 보호하고 어렵게 한국으로 데려왔습니다.

왜 하필 울산이었을까요? 울산은 한국 경제에서 중요한 산업 중심지입니다. 조선, 자동차, 석유화학 등 중화학 공업을 중심으로 성장했지요. 현대자동차, 현대중공업, SK에너지, 삼성SDI 등 대기업이 몰려 있습니다. 정부는 울산이 특별기여자들에게 직업 훈련을 시켜 일자리를 제공하기 좋은 최적의 지역이라고 여긴 겁니다. 현대중공업은 인력난에 시달리던 차라 특별기여자들을 적극적으로 받아들입니다.

서로를 알아 간 시간

하지만 정부가 지역 주민들과 충분히 상의한 후 결정한 일이 아니었기 때문에 특별기여자들과 그 가족들이 울산에 들어왔을 때 주민들은 "시민 합의 없는 난민 수용 반대한다"며 처음에는 크게 반발했습니다. 특별기여자들이 거주하는 곳 주민들은 자신들의 자녀들이 피해를 입을 것이고, 사는 곳이 '이슬람 동네'로 슬럼화될 거라며 거세게 항의했지요. 아프가니스탄 아이들이 입학한 학교의 양육자들은 "아이들이 이슬람 종교와 문화를 아무것도 모른 채 흡수할까 봐 우려된다", "먼저 외국인 학교부터 고려하라!", "우리 아이들 마음 놓고 학교 보낼 수 있는 대안을 달라!"며 교육청 앞에서 시위를 이어 갔습니다.

노옥희 교육감(2022년 12월 작고)을 필두로 한 울산교육청과 동구 구청, 경찰서, 다문화센터까지 긴밀히 협조하면서 문제를 하나하나 풀어 갔지요. 구심점은 노옥희 교육감이었습니다. 노 교육감의 교육 철학은 "한 명의 아이도 포기하지 않는다"였습니다. 노 교육감은 반대 여론에 물러서지 않고 양육자들을 직접 설득해 나갔습니다. 양육자들이 우려하는 문제들이 일어나지 않게 만반의 준비를 갖추겠다고 안심시켰습니다. 아프간 특별반을 운영하고, 한국어 교사와 장학사 등 보조 인력을 배치해서 아이들을 꼼꼼히 돌보겠다는 약속도 했습니다. 이런 말로 양육자들을 설득했다고도 하지요.

"낯선 데에서 새로운 배움이 일어납니다. 서로 같은 사람들끼리 있으면 배움이 안 일어납니다. 한국 아이들에게도 좋은 기회가 될 수 있을 겁니다."

다문화센터(울산 동구 건강가정·다문화가족지원센터)에서는 '함께하다'는 프로그램을 만들어 아프간 가족과 내국인 가족이 일대일로 만

날 기회를 만들었습니다. 동구 구청과 함께 주민들이 이슬람 문화를 이해할 수 있게 여러 차례 강의도 열었고요.

이런 과정들을 통해 주민들은 이슬람교와 무슬림들에 대한 편견과 오해를 점차 걷어 낼 수 있었습니다. 나중에는 아프간 부모들에게 분리수거 방법부터 교통 예절, 한국의 자녀 양육 방식까지 세세히 가르쳐 줄 정도로 가까워졌다고 합니다.

교육청과 지자체 그리고 지역 주민, 이주민 모두 노력한 덕분에 가능한 일이 아니었나 싶습니다. 대구 모스크 건립 건으로 고민하는 사람들은 이 사례를 통해 문제를 해결할 실마리를 찾으려 하고 있습니다.

식사 에티켓

무슬림들은 손님을 초대하면 정성을 다해 극진히 대접하는 것으로 유명합니다. 무슬림 이웃에게 초대를 받았다면 미리 알아 두면 좋을 식사 예절에는 무엇이 있을까요?

일단 약속 시간보다 너무 이르지도 늦지도 않게 가면 좋겠지요. 초대 받았을 때는 선물을 준비해 가세요. 관습입니다.

집에 들어가면 초대한 가족에게 "앗살라무 알라이쿰(Assalamu Alaikum, '당신에게 평화가 있기를'이란 뜻. 줄여 살람이라고 함)"이라고 인사합니다. 그러면 "와 알라이쿰 살람(Wa Alaikum Salam '당신에게도 평화가 깃들기를'이란 뜻)"이라는 답례를 받을 겁니다.

식사 전에는 "비스밀라(Bismillah, '알라의 이름으로'란 뜻)"라고 말한 후 음식을 먹습니다. 옛날에는 음식을 오른손으로 먹었지만, 요즘은 다른 나라들처럼 접시, 포크 같은 식사 도구를 사용해서 먹는답니다. 물론 사막 체험 같은 전통문화 체험 프로그램에 가면 오른손으

무슬림들은 내놓을 수 있는 모든 것을 내놓는다고 할 정도로 손님을 극진히 대접하는 것으로 유명하다.

로 먹어 볼 수는 있습니다.

무슬림들이 오른손으로 음식을 먹은 이유는 오래전부터 오른손은 정결한 손, 왼손은 불결한 손으로 여겼기 때문이에요. 이런 오랜 믿음 때문에 악수를 청할 때도 오른손을 내밀고, 물건이나 음식을 건넬 때도 오른손을 씁니다.

무슬림 사회에서는 기본적으로 환대의 문화가 아주 강해요. 손님이 집에 오면 자신들이 내놓을 수 있는 거의 모든 것을 내놓는다고 생각하면 됩니다. 음식을 모두 나눠 먹을 수 있을 만큼 한 상 차려 낸답니다.

음식 먹을 때 기억할 점은 음식이 담긴 공용 접시에서 자신의 접

아랍 커피. 아라비카 원두로 만든 아랍식 커피 음료다. 아랍 문화권에서는 환대와 존경을 상징한다. 카다멈cardamom 등의 향신료를 넣어 마시는 것이 특징이다.

시로 덜어 낸 음식은 남기지 않고 가능한 한 다 먹는 것이 좋다는 것입니다. 접시에 음식을 너무 많이 남기는 것은 결례입니다.

식사 전후에는 보통 아랍 커피나 민트티를 마십니다. 옛날에 우리나라도 집에 손님이 오면 보리차를 먼저 내놓곤 했는데요, 손님이 잠시 한숨을 돌리고 어색함을 누그러뜨릴 시간을 주려는 배려라고 생각하면 될 것 같습니다. 인상적인 것은 커피나 차에 설탕을 잔뜩 넣어 마신다는 거지요. 이슬람 문화권으로 여행을 간다면 달달한 민트티 한잔 마셔 보는 건 어떨까요.

식사를 마친 후에는 "알함두릴라(Alhamdulillah, '신께 감사드립니다'는 뜻)"라며 신께 감사를 드린답니다.

후기

타인을 공부하자!

한국은 선진국입니다. 앞으로 많은 외국인이 한국을 방문할 것입니다. 그중에는 일하러 오는 사람들도 있을 겁니다. 이주 무슬림도 더 많아지겠지요. 이주민들과 잘 어우러져 살기 위해 어떤 준비를 해야 할까요?

한국은 오랫동안 단일 민족이었습니다. 한민족이라고 하지요. 그런데 이런 시각이 강해지면 다른 민족을 배척할 수 있습니다. 국경이 무의미해질 정도로 국가 간의 교류가 활발해진 세계화 시대에는 좀 맞지 않는 태도일 것입니다.

타인과 잘 지내려면 어떻게 해야 할까요? 타인에 대해 '공부'해야 합니다. 예를 들어 이슬람교와 무슬림을 낯설다고 밀어 내기만 할 것이 아니라 그 종교가 무엇이고 그들이 누구인지 공부해야 하는 것이지요. 그 과정에서 다름을 발견하고, 인정하고, 존중하는 태도를 배우면 좋을 것입니다.

현재 이주 무슬림들은 주로 노동자나 유학생들로 한정돼 있습니다. 하지만 유럽처럼 한국에도 가족 단위로 이주하는 무슬림이 점점 더 많아질 것입니다. 머지않아 학교에서, 직장에서, 또는 동네에서 자주 이주 무슬림들과 마주하게 되겠지요.

다문화 가정 대신 '이주 배경 가정'

이주 무슬림을 포함한 다양한 배경의 사람들이 한국에서 살아가면, 우리 사회는 더 다양성이 넘치는 곳이 될 거예요. 말 그대로 다양한 사람들이 함께 살아가는 사회로 나아가는 것이죠. 우리는 열린 마음으로 이 변화를 받아들일 준비를 해야 합니다. 나와 배경이 다른 사람들을 이해하고, 그들이 우리 사회에서 안정적으로 자리 잡을 수 있게 도와야 하고요. 서로를 존중하고 이해하려는 노력이 앞으로 더 필요하게 될 것입니다.

'다문화'라는 말 많이 들어 봤지요? 다문화란 문화 배경이 다양한 사람들이 한 사회에서 함께 살아가는 현상을 말해요. 다문화 하면 '다문화 가정'이란 말이 바로 떠오를 텐데요, 요즘은 다문화 가정이란 말 대신 '이주 배경 가정'이란 말을 씁니다. 다문화 가정이란 말을 동남아시아 지역에서 이주해 온 사람들에게 주로 쓰는 현상이 나타나서입니다. 차별의 언어로 쓰이는 거지요. 이주 배경 가정은 부모 중 한 명 혹은 부모 모두가 외국에서 온 가정을 뜻하는 중립적인 표현이어서 이 표현을 권하고 싶습니다.

다문화 사회는 더 생동하고 창의적인 사회를 만들어 냅니다. 음식, 언어, 패션, 예술, 음악 등 다양한 문화가 함께 어우러지면서 새로운 아이디어가 생겨나고, 그로 인해 한국 사회도 더 풍성해질 것입니다. 어떤 사람들은 이주민들에게 한국 문화를 무조건 받아들이라고 강요합니다. 한국 사람처럼 되어야 한다고 주장하지요. 이런 태도를 동화주의同化主義라고 합니다. 자신과 다른 문화를 가진 사람들에게 그들의 문화나 전통을 버리고 자신에게 맞추라고만 하는 것이지요.

이런 태도는 다문화 사회의 장점을 사라지게 합니다. 이주 배경 가정이나 이주민들이 자신들의 문화, 종교 등을 유지할 수 있도록 존중해야 할 것입니다. 예를 들어, 무슬림들은 할랄 음식을 먹어야 하니 한국에서도 자유롭게 할랄 음식을 누릴 수 있게 해야겠지요. 다문화 사회는 서로 다름을 인정하고, 거기에서 새로운 문화를 만들어 가는 데 의의가 있으니까요.

이미지 출처

- Unsplash : 70, 80, 102, 103, 192, 217
- Wikimedia Commons : 26, 30, 31, 33, 38, 39, 46, 52-55, 58, 59, 63, 66, 68, 75-78, 86, 87, 95, 97, 108, 114, 115, 119, 127, 138, 142, 146, 156, 171, 180, 183, 190, 191, 218
- GettyimagesKorea : 24, 42, 111, 130, 134, 144, 172, 204
- Shutterstock : 14, 57, 69, 100, 122, 181(건물 사진), 206
- 민혜경 만신 제공 : 17
- 연합뉴스 : 167
- 경향신문/뉴스뱅크 : 154
- 조선일보/뉴스뱅크 : 162
- 문화재청 국가문화유산포털 : 195

주

1 〈대법원 판결도 무력화시킨 '돼지머리 시위'는 정당한가?〉, 《시사인》 2022년 12월 21일 자

2 〈5년째 멈춘 '대구 이슬람사원'…유엔 인종차별철폐위 "한국 정부가 해결" 권고〉, 《평화뉴스》 2025년 5월 15일 자

3 〈다시 터진 '이슬람 사원 건립' 논란…갈등 격화되나〉, 《천지일보》 2024년 4월 17일 자

4 이 글은 《시사인》 김영화 기자가 쓴 〈울산으로 간 아프간 특별기여자의 1년, 그곳에 미래가 있었다〉, 〈노옥희 교육감이 떠난 자리, 곳곳에 남은 따뜻한 유산〉 기사를 토대로 정리했다.

꼬리에 꼬리를 무는 이슬람 이야기

초판 1쇄 발행 2025년 7월 30일

지은이 | 이수정
펴낸곳 | (주)태학사
등록 | 제406-2020-000008호
주소 | 경기도 파주시 광인사길 217
전화 | 031-955-7580
전송 | 031-955-0910
전자우편 | thspub@daum.net
홈페이지 | www.thaehaksa.com

편집 | 조윤형 여미숙 김태훈
마케팅 | 김민선
경영지원 | 김영지

ⓒ 이수정 2025. Printed in Korea.

값 17,500원
ISBN 979-11-6810-375-7 43910

"주니어태학"은 (주)태학사의 청소년 전문 브랜드입니다.

책임편집 여미숙
디자인 이유나